Laetitia Karmann

Die Planungsbegleitende Mediation

Bauprojekte effektiv steuern und
gemeinsam zum Erfolg führen

Diplomica Verlag GmbH

Karmann, Laetitia: Die Planungsbegleitende Mediation. Bauprojekte effektiv steuern und gemeinsam zum Erfolg führen, Hamburg, Diplomica Verlag GmbH 2016

Buch-ISBN: 978-3-95934-993-2
PDF-eBook-ISBN: 978-3-95934-493-7
Druck/Herstellung: Diplomica® Verlag GmbH, Hamburg, 2016

Bibliografische Information der Deutschen Nationalbibliothek:
Die Deutsche Nationalbibliothek verzeichnet diese Publikation in der Deutschen Nationalbibliografie; detaillierte bibliografische Daten sind im Internet über http://dnb.d-nb.de abrufbar.

© Diplomica Verlag GmbH
Hermannstal 119k, 22119 Hamburg
http://www.diplomica-verlag.de, Hamburg 2016
Printed in Germany

Inhaltsverzeichnis

Abbildungsverzeichnis II

Abkürzungsverzeichnis III

Einleitung 1

A. Ausgangssituation 2

I. Projektstruktur: Beteiligte, Zuständigkeiten, Abläufe 2

    1. Die Eigentümerin: Bundesanstalt für Immobilienaufgaben (BImA) 2

    2. Verantwortung für Bundeswehrbaumaßnahmen 2

    3. Unterscheidung der investiven Bauaufgaben gemäß RBBau 3

II. Organisationsstrukturen 5

    1. Die Bundeswehr 6

        a) Die Bundeswehr im Wandel 6

        b) Die ministerielle Ebene - BMVg 7

        c) Die Ebene der Durchführung - BAIUDBw 8

    2. Die Bauverwaltung des Freistaats Bayern 9

        a) Die Fachaufsicht führende Ebene – Landesbaudirektion 9

        b) Die Baudurchführende Ebene – Bauamt 10

III. Verfahrensstruktur: Entscheidungskaskaden, Auftragsabläufe 11

    1. Entscheidungsunterlage – Bau (ES-Bau) 12

        a) Bedarfsplanung 13

        b) Vorentwurfsplanung (baufachliche Unterlagen) 14

    2. Entwurfsunterlage – Bau (EW-Bau) 15

    3. Ausführungsunterlage – Bau (AFU-Bau), Durchführung 16

B. Konfliktfelder 17

I. Konflikte im Projektverlauf 17

    1. Komplexität und Vernetzung der Vorhaben 17

    2. Die Beteiligten und ihre Rollen 18

    3. Sinkender Einfluss im Projektverlauf 20

    4. Kommunikation der Projektziele 22

II. Konflikte in der Projektorganisation 23

    1. Ein Zusammenspiel von mehreren Behörden 24

    2. Konfliktregelung in und zwischen Behörden 25

    3. Die Öffentlichkeit bei Bundeswehrbaumaßnahmen 26

III. Zusammenfassung 27

IV. Schlussfolgerung 28

C. **Grundlagen der Mediation**..**32**

   I. Ursprünge der Mediation..32

   II. Merkmale der Mediation..34

   III. Ziele und Leitbilder von Mediation..36

      1. Der Verhandlungsorientierte Ansatz..36

      2. Der Transformationsansatz 37

      3. Anwendung der Leitbilder..37

D. **Planungsbegleitende Mediation** **39**

   I. Ziele...39

   II. Grenzen, Spezifische Risiken 40

   III. Chancen, Eignung...42

   IV. Umsetzungsmöglichkeiten 45

      1. Rechtliche Aspekte..45

         a) Arbeitsrecht..45

         b) Verfahrensrecht...47

      2. Aspekte aus dem Planungsprozess 49

         a) Mediation in den Entscheidungsphasen (ES-Bau).......................51

         b) Mediation in der Entwurfsplanung (EW-Bau) 54

         c) Ein Fallbeispiel..55

   V. Spezifische Anforderungen an den Mediator 58

   VI. Exkurs: Die strukturelle Integration von Konfliktmanagement....................60

      1. Rechtliche Aspekte zur Realisierbarkeit 60

      2. Ein Institutionalisiertes Konfliktmanagementsystem (KMS)..................61

E. **Zusammenfassung und Ausblick** **64**

Anhang..**66**

Literaturverzeichnis **67**

Abbildungsverzeichnis

Abbildung 1: Projektorganisation, Beteiligte Behörden 5

Abbildung 2: Verfahren zur Entscheidungsunterlage (ES-Bau) 12

Abbildung 3: Verfahren zur Entwurfsunterlage (EW-Bau)..................................... 15

Abbildung 4: Zusammenarbeit im Projekt 23

Abbildung 5: Projekt-/ Planungsbesprechungen 50

Abbildung 6: Planungsverfahren für Große Baumaßnahmen im BMVg................. 66

Abkürzungsverzeichnis

Behörden und Instanzen

(Bay) StMI	*(Bayerisches)* Staatsministerium des Innern
BA	Bundesagentur für Arbeit
BAIUDBw	Bundesamt für Infrastruktur, Umweltschutz und Dienstleistungen der Bundeswehr
BdE	Baudurchführende Ebene
BImA	Bundesanstalt für Immobilienaufgaben
BMF	Bundesministerium der Finanzen
BMUB	Bundesministerium für Umwelt, Naturschutz, Bau und Reaktorsicherheit
BMVg	Bundesministerium der Verteidigung
BRH	Bundesrechnungshof
BwDLZ	Bundeswehr-Dienstleistungszentrum
FfE	Fachaufsicht führende Ebene
KompZBauMgmt	Kompetenzzentrum Baumanagement
LBD	Landesbaudirektion
OI	Oberste Instanz *(Bedarfsträger)*
OTI	Oberste Technische Instanz
SKA	Streitkräfteamt
StBA	Staatliches Bauamt
WBV	Wehrbereichsverwaltung *(zum 30.06.2013 aufgelöst)*

Sonstige Abkürzungen

ADR	Alternative Dispute Resolution (Alternative Streitbeilegungsverfahren)
AFU-Bau	Ausführungsunterlage Bau
BV	Bauverwaltung
Bw	Bundeswehr
ES-Bau	Entscheidungsunterlage Bau
EUV	Europa-Universität Viadrana, Frankfurt (Oder)
EW-Bau	Entwurfsunterlage Bau

Kdo/Amt	Kommando/Amt
KMS	Konfliktmanagementsystem
KOG	Kostenobergrenze
PwC	PricewaterhouseCoopers AG Wirtschaftsprüfungsgesellschaft
RTMKM	Round Table Mediation und Konfliktmanagement

Gesetze, Verordnungen und Richtlinien

AGO	Allgemeine Geschäftsordnung für die Behörden des Freistaates Bayern
BauGB	Baugesetzbuch
BayBO	Bayerische Bauordnung
BHO	Bundeshaushaltsordnung
BImAG	Gesetz über die Bundesanstalt für Immobilienaufgaben
BNatSchG	Bundesnaturschutzgesetz
FVG	Gesetz über die Finanzverwaltung (Finanzverwaltungsgesetz)
GG	Grundgesetz für die Bundesrepublik Deutschland
GGO	Gemeinsame Geschäftsordnung der Bundesministerien
GIF	Grundsätzliche Infrastrukturforderung
GO StBAN	Geschäftsordnung des Staatlichen Bauamtes Nürnberg
HGrG	Gesetz über die Grundsätze des Haushaltsrechts des Bundes und der Länder (Haushaltsgrundsätzegesetz)
HOAI	Honorarordnung für Architekten und Ingenieure
MediationsG	Mediationsgesetz
OrgBauWoV	Verordnung über die Organisation der staatlichen Behörden für das Bau- und Wohnungswesen
RBBau	Richtlinien für die Durchführung von Bauaufgaben des Bundes
RFN	Raum- und Flächennormen der Bundeswehr

Einleitung

Politische Entscheidungen wie die Neuausrichtung der Bundeswehr (2011) in Verbindung mit dem „Stationierungskonzept der Bundeswehr in Deutschland vom Oktober 2011" lösen oft umfangreiche Baumaßnahmen aus.

Diskussionspotential ergibt sich sehr oft schon in der konzeptionellen Entwicklung und Planung solcher Großprojekte. Die Vorhaben sind meist komplex, weit vernetzt und haben zahlreiche Schnittstellen. Sie sind geprägt von einer Vielzahl direkt und indirekt betroffener Personen sowie Gruppen und Institutionen mit Machtgefälle. Außerdem mit divergierenden Entscheidungskompetenzen, Vorgaben und Interessen. Aufgrund äußerer Einflüsse, wie die Politik und öffentliches Interesse bieten solche Projekte bereits vor der Planung und Durchführung der Baumaßnahmen ein hohes Maß an Konfliktpotential. Dabei kann es unter anderem zu sowohl haushaltsrechtlichen oder terminlichen Divergenzen kommen, als auch zu Problemen aufgrund von Informations- und Machtungleichgewichten oder des Mangels an Kapazitäten. Werden schließlich z.B. aus Zeit- oder Termindruck einzelne Maßnahmen verfrüht beauftragt und begonnen, sind weitere Konflikte innerhalb dieser Einzelmaßnahmen vorprogrammiert.[1]

Ziel dieser Studie ist es, bessere Wege im Umgang mit typischen Konfliktsituationen in den Entscheidungsvorbereitenden Planungsphasen staatlicher Bauprojekte zu entwickeln. Konflikten am Bau soll somit bereits frühzeitig begegnet werden. Den Schwerpunkt dieser Arbeit bildet die Untersuchung der Chancen und Risiken zur Integration alternativer und vorbeugender Konfliktregelungsmaßnahmen. Weiter wird erörtert, warum Mediation in Verbindung mit einem strukturierten Konfliktmanagement als etabliertes System ein zweckmäßiges und zukunftsfähiges Mittel darstellt.

Diese Studie gliedert sich in fünf Teile (A-E). Der erste Teil (A) gibt einen Überblick zur Ausgangssituation (Organisation und Verfahren). Im zweiten Teil (B) werden die Konfliktfelder und Ursachen für Konflikte untersucht. Ein kurzer Überblick über die Grundlagen und Inhalte der Mediation gibt der dritte Teil (C). Möglichkeiten zur Umsetzung, Chancen, Risiken sowie die Voraussetzungen werden im vierten Teil (D) erörtert. Die Idee ist eine Planungsbegleitende Mediation. Ein kurzer Exkurs beschäftigt sich mit der Integration von Konfliktmanagement in die Behördenstruktur. Die Studie endet mit einer Zusammenfassung und einem Ausblick im fünften Teil (E).

---

[1] Vgl.: Nr. 3 Abschnitt 6.1.2 aus *Ahrens/Bastian/Muchowski*, Handbuch Projektsteuerung – Baumanagement, 2014, S. 316 („Die Sieben Todsünden der Bauplanung").

A. Ausgangssituation

I. Projektstruktur: Beteiligte, Zuständigkeiten, Abläufe

1. Die Eigentümerin: Bundesanstalt für Immobilienaufgaben (BImA)

Eigentümerin aller inländischen Dienstliegenschaften des Bundes ist seit ihrer Gründung im Jahr 2005 die Bundesanstalt für Immobilienaufgaben (BImA) im Geschäftsbereich des Bundeministeriums der Finanzen[2]. In den Jahren 2011 bis 2013 wurden die Liegenschaften der Bundeswehr (Bw) als letzte Dienstliegenschaften des Bundes sukzessive an die BImA übergeben und Mietverträge für die weitere Nutzung mit ihr geschlossen. In Folge dessen änderten sich hierdurch zum einen die Regelungen für die Durchführung von Baumaßnahmen der Bundeswehr, zum anderen muss die Bundeswehr künftig aus ihrem Budget Miete für die von ihr genutzte Infrastruktur bezahlen.[3] Das bedeutet für alle Gebäude im Bereich einer umzäunten Kaserne, auch für leerstehende Gebäude.[4]

2. Verantwortung für Bundeswehrbaumaßnahmen

Die Durchführung von Bauaufgaben für die Bundeswehr ist wie alle Bundesbaumaßnahmen in den *Richtlinien für die Durchführung von Bauaufgaben des Bundes (RBBau)* geregelt. Hierin werden für die Planung und Ausführung von Bundesbauangelegenheiten im Wesentlichen die Organisation (Beteiligte / Zuständigkeiten), die Verwaltungsvorgänge und insbesondere der Haushaltsvollzug beschrieben.

Die Verantwortung und die Ausgaben für den Bauunterhalt der Gebäude und Anlagen liegen bei der BImA. Investive Bauangelegenheiten[5] obliegen der Bundeswehr selbst als Maßnahmenträger, sofern es sich nicht um Maßnahmen an einem der beiden Dienstsitze des Bundesministeriums der Verteidigung (BMVg) in Bonn und Berlin handelt.[6] Der Maßnahmenträger ist die Behörde (Einrichtung), die das Vorhaben aus ihrem Haushaltsplan finanziert. Er ist für die Durchführung der Baumaßnahme und die zuvor durchzuführende Variantenuntersuchung[7] verantwortlich. Die BImA wird hinsichtlich Ihrer Interessen als Eigentümerin von Anfang an beteiligt. Die Bauverwaltungen der Länder unterstützen die Bundeswehr baufach-

---

[2] Anhang 2, RBBau (Präambel): Die BImA nimmt ihre Aufgaben „als bundesunmittelbare rechtsfähige Anstalt des öffentlichen Rechts im Geschäftsbereich des Bundesministeriums für Finanzen" (BMF) eigenverantwortlich nach kaufmännischen Grundsätzen wahr.
[3] Ebenda i.V. mit Dachvereinbarung BMVg – BMF – BImA (17. April 2009), vgl. auch BMVg-Erlass, WV III 5 – Az 68-03-03/12 vom 15. April 2011.
[4] Hierzu auch Mustermietvertrag, § 20, Anlage 8 der Dachvereinbarung BMVg-BMF-BImA.
[5] Neu-, Um- u. Erweiterungsbauten, Siehe Kapitel A I 3 auf der nächsten Seite.
[6] Sogenannte „nicht-militärische Baumaßnahmen" mit der BImA als Maßnahmenträger im Unterschied zu „militärischen Baumaßnahmen" mit dem BMVg als Maßnahmenträger, Nachzuvollziehen u.a. in Abschnitt A und L1 RBBau, BMVg-Erlass IUD I4 – Az 68-03-03/12 vom 20. August 2013 und §§ 21, 22 Dachvereinbarung BMVg-BMF-BImA (2009).
[7] Vgl. hierzu Kapitel A III 1 a), ab Seite 12.

lich bis zur Aufnahme des Vorhabens als Kostentitel in den Bundeshaushaltsplan.[8] Das Bundesministerium der Finanzen (BMF) prüft die Unterlagen vor allem auf die Einhaltung des Bundeshaushaltsrechts[9]. Bei positivem Ergebnis wird die Baumaßnahme als eigener Kostentitel[10] mit der festgestellten Kostenobergrenze[11] in den Bundeshaushalt eingestellt.

Von den darauffolgenden Planungsphasen an beauftragt die Bundeswehr die Bauverwaltung (BV) des zuständigen Landes zur weiteren Planung und Durchführung[12]. Diese erfüllt ihre Aufgaben eigenverantwortlich meist mit der Unterstützung von freiberuflich tätigen Architekten und Ingenieuren. Die Bundeswehr prüft dabei planungsbegleitend die Entwurfsunterlage und bis zur Fertigstellung der Baumaßnahme die Kosten und Termine. [13]

Die Organisation und der Aufbau der Bauverwaltungen unterscheiden sich in den 16 Bundesländern voneinander[14]. Die bundesweiten Richtlinien und Gesetze wie die RBBau oder die HOAI gelten grundsätzlich für alle Länder. Unterschiede betreffen im Wesentlichen die Organisation der Baubehörden sowie die Landesbau- und Verwaltungsvorschriften.

3. Unterscheidung der investiven Bauaufgaben gemäß RBBau

Bei investiven Bauaufgaben handelt es sich um Neubauten oder um wertsteigernde Um- bzw. Erweiterungsbauten. Diese werden anhand der Investitionssumme unterschieden in Kleine (bis max. 2 Mio. €) und Große Baumaßnahmen (über 2 Mio. €).[15] Der Hauptunterschied liegt im Ablauf der Erstellung und der Prüfung von Bauunterlagen: Während die baufachliche Genehmigung und die Festsetzung der Kostenobergrenze für Große Baumaßnahmen durch die Oberste Technische Instanz (OTI) im BMVg erfolgt und das BMF jede einzelne Maßnahme zunächst haushaltsmäßig anerkennen muss bevor sie ausgeführt werden darf, sind diese beiden Bundesministerien bei der Genehmigung und Zusage von Finanzmitteln Kleiner Baumaßnahmen nicht beteiligt. In diesem Fall erfolgt die Finanzierung aus einem Sammeltitel. Die Bauunterlage wird direkt vom Bundesamt für Infrastruktur, Umweltschutz und Dienstleistungen der Bundeswehr (BAIUDBw), eine nachgeordnete Bundesoberbehörde des BMVg, genehmigt und haushaltsmäßig anerkannt.[16]

---

[8] Die sog. haushaltsmäßige Anerkennung des Bundesministeriums der Finanzen (BMF).
[9] § 24 BHO, vgl. 2.2.3.3 Abschnitt E RBBau. Es gelten weiterhin insbesondere die §§ 54-55.
[10] Gilt für Große Baumaßnahmen (BM), Kleine Baumaßnahmen werden aus einem Sammeltopf finanziert wie auch Maßnahmen aus dem Bauunterhalt.
[11] Geprüfte Kosten (Budget) auf Grundlage der Kostenschätzung zur Vorplanung.
[12] Abschnitt A, E, K 2 und L1 RBBau (entspricht: Entwurfs- und Genehmigungsplanung, ab Leistungsphase (LPH) 3 HOAI) auch nachvollziehbar in: BMVg-Erlass IUD I4 – Az 68-03-03/12 vom 20. August 2013.
[13] Ebenda, die Bw überprüft insbesondere die Übereinstimmung mit dem Bedarf.
[14] Vgl. Anhang 5 RBBau.
[15] RBBau Abschnitte D und E sowie L1 für Bauangelegenheiten des BMVg.
[16] Ebenda.

Der Fokus dieser Studie wird zur Eingrenzung des Gesamtumfangs auf die Betrachtung der Projektentwicklung von Großen Baumaßnahmen für die Bundeswehr mit dem Maßnahmenträger BMVg gelegt. Dies stellt meiner Meinung nach den komplexesten Planungsablauf dar: Es sind die meisten Personen und Behörden an der Aufstellung, Prüfung und Genehmigung der Bauunterlagen beteiligt, die alle ihre eigene Perspektive auf das Projekt haben und unterschiedliche Interessen verfolgen. Die Projektentwicklung ist geprägt von einer großen Zahl an Schnittstellen und einer Vielzahl an Rahmen bildender Vorgaben, wie Verwaltungsvorschriften, wechselnde Entscheidungsträger und zum Teil unterschiedlichen Machtverhältnissen je nach Planungsstand. Viele Aspekte lassen sich sinngemäß auch auf die anderen zuvor dargestellten Abläufe übertragen und anwenden.

II. Organisationsstrukturen

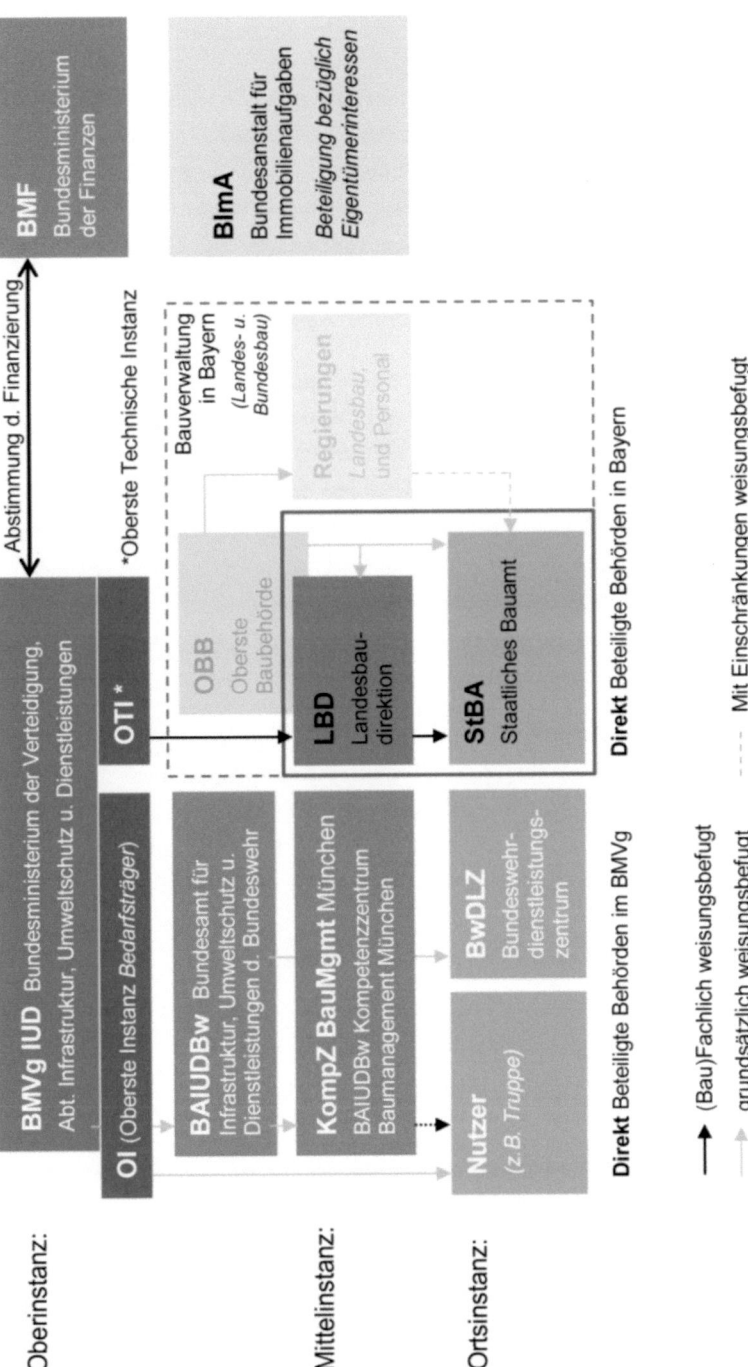

Abbildung 1: Projektorganisation, Beteiligte Behörden

1. Die Bundeswehr

a) Die Bundeswehr im Wandel

Die Bundeswehr befindet sich seit einigen Jahren im Wandel.[17] Im Jahr 2011 wurden unter Dr. Thomas de Maizière weitreichende Maßnahmen zur Neuausrichtung der Bundeswehr beschlossen[18]. Ziel der Modernisierung ist es, zum einen dem Demographie Wandel entgegen zu wirken und zum anderen die Finanzierung durch die Gesellschaft für die Zukunft zu gewährleisten. Des Weiteren soll sich die Bundeswehr an das veränderte sicherheitspolitische Umfeld anpassen.[19]

Wesentliche Eckpunkte der Neuausrichtung sind bspw. die Reduzierung des Personals[20] und ein umfangreiches Stationierungskonzept für die Bundeswehr in Deutschland (Oktober 2011), welches unter anderem die Schließung von 31 Bundeswehrstandorten[21] vorsieht. Die Aussetzung der Wehrpflicht zum 1. Juli 2011 erfolgte ebenso im Rahmen des Programms, wie auch die Neuorganisation des Bundesministeriums der Verteidigung (BMVg) mit seinen nachgeordneten Bundesoberbehörden. Weitere Ziele sind die Prozessoptimierung, die „Zusammenführung von fachlicher und organisatorischer Kompetenz auf allen Ebenen"[22], die „Effizienzsteigerung des Infrastruktur- und Dienstleistungsprozesses"[23] und „Bürokratieabbau mit Hilfe eines Deregulierungsprogramms"[24]. Dies ist nur eine Auswahl von vielen Maßnahmen aus dem Neuausrichtungsprogramm, deren Abschluss bis Ende 2017 vorgesehen ist.[25]

Zunächst wurden die Behörden, angefangen mit dem BMVg an der Spitze neu organisiert. Die Aufstellung der nachgeordneten Bundesoberbehörden sowie die höheren militärischen Kommandobehörden erfolgte im Anschluss daran bis Ende 2012.[26] Seither richtet sich der Fokus der Abteilung Infrastruktur, Umweltschutz und Dienstleistungen (IUD) auf die Umsetzung der Programme aus dem Stationierungskonzept: Umstrukturierungen, Umzüge, Verkleinerung und Schließung mancher Liegenschaften usw.. Ziel ist es, die laufenden Kosten zu reduzieren und die Bundeswehr effizienter zu gestalten.

---

[17] *BMVg*, Baufachliche Richtlinien für die Durchführung von Baumaßnahmen der Bundeswehr, Vorbemerkungen, sowie nachfolgende Erläuterungen zu Neuausrichtung.
[18] *BMVg*, Die Neuausrichtung der Bundeswehr, Berlin März 2013.
[19] Ebenda, S. 5 und *BMVg*, Die Stationierung der Bundeswehr in Deutschland, Stand Oktober 2011, S. 2.
[20] *BMVg*, Die Neuausrichtung der Bundeswehr, Berlin März 2013, S.16f.
[21] *BMVg*, Die Stationierung der Bundeswehr in Deutschland, Stand Oktober 2011, S. 17.
[22] *BMVg*, Die Neuausrichtung der Bundeswehr, Berlin März 2013, S. 17.
[23] Ebenda, S. 17.
[24] Ebenda, S. 117.
[25] *BMVg*, Die Neuausrichtung der Bundeswehr, Berlin März 2013, S. 17.
[26] Ebenda, S. 5 und auf den Internetseiten des *BMVg*, Chronologie der Neuausrichtung (vgl. URL im Literaturverzeichnis).

In Bayern werden von ursprünglich insgesamt 50 Bundeswehrstandorten, drei Standorte geschlossen und 14 Standorte signifikant reduziert.[27] Der Stellenumfang der Kaserne in Roth bspw. reduziert sich um ca. 80 %. Alle bislang dort stationierten Truppenteile bis auf das Sanitätszentrum werden aufgelöst. Stattdessen werden die Offizierschule der Luftwaffe aus Fürstenfeldbruck, ein Feldjägerregiment aus Amberg und weitere kleinere Dienststellen nach Roth verlegt. Für diese neuen Nutzungen waren zunächst Untersuchungen des Bestands und Konzepte zur Verlegung notwendig, bevor die eigentlichen Planungen für die zukünftigen Gebäude der neuen Nutzer beginnen konnten. Auch an anderen Standorten sind mitunter umfangreiche Planungen aufgrund der Änderungen aus der Stationierungsentscheidung durchzuführen. Die Aufgaben sind vielfältig und dazu meist noch dringlich. All dies mit den vorhandenen Ressourcen und Kapazitäten und im steten Wandel der Behörden, insbesondere der Neuorganisation der Bundeswehr.

b) Die ministerielle Ebene - BMVg

An der Führungsspitze der Bundeswehr steht als oberste Bundesbehörde das **Bundesministerium für Verteidigung (BMVg)**. Dieses gliedert sich in neun Abteilungen mit ca. 2.000 gemischt zivil/militärisch besetzten Dienststellen.[28] Alle Mitarbeiter des BMVg (sowohl die zivilen als auch die militärischen) erhalten ihre Anweisungen und Aufgaben von ihren dienstlich übergeordneten Führungskräften. Somit unterliegen Soldaten, die im Ministerium arbeiten nicht der durchgängigen Befehlskette der Streitkräfte. Gleiches gilt für Soldaten außerhalb der Streitkräfte, die ihren Dienst z.B. innerhalb der, dem Ministerium nachgeordneten, Bundeswehrverwaltung ausüben.[29] Ihnen obliegt in der Regel vergleichbar mit Mitarbeitern anderer Organisationen und Behörden ein gewisser Entscheidungsspielraum.

Die Verantwortung für den Bau und Betrieb der Liegenschaften trägt im Verteidigungsministerium die **Abteilung Infrastruktur, Umweltschutz und Dienstleistungen (IUD)**. Ihre Aufgaben schließt alle zentralen Dienste für Neu-, Um- und Erweiterungsbauten und in Teilen auch den Bauunterhalt[30] der Bundeswehranlagen mit ein. Das Ministerium soll sich. dem Konzept zur Neuausrichtung der Bundeswehr (März 2013) nach, auf seine ministeriellen und strategischen Kernaufgaben konzentrieren. Dies sind vor allem politische Aufgaben, beispielsweise „die Realisierung von politischen Zielen, Schwerpunkten und Programmen"[31] und Abstimmungen mit anderen Ressorts der Bundesregierung, wie dem Bundesministerium

---

[27] *BMVg*, Die Stationierung der Bundeswehr in Deutschland, Stand Oktober 2011, S. 25.
Eine signifikante Reduzierung bedeutet min. die Halbierung des Personals oder eine Reduzierung um mehr als 500 Dienstposten. Ebenda, S. 17.
[28] *BMVg*, Die Neuausrichtung der Bundeswehr, Berlin März 2013, S. 23.
[29] Ebenda (Anhang: Dresdner Erlass vom 21. März 2012), S. 136.
[30] In der Regel ist die BImA als Eigentümerin für den Bauunterhalt verantwortlich, das BMVg nur für Anlagen, die nicht Mietvertragsgegenstand sind, z.B. nutzerspezifische Anlagen. vgl. Abschnitt C RBBau, und Dachvereinbarung BMVg-BMF-BImA (2009).
[31] § 3 (1) GGO.

der Finanzen (BMF)[32] oder grundsätzliche Entscheidungen und konzeptionelle Vorgaben, wie den Unterkunftsstandard für die Soldatinnen und Soldaten.

In dieser Abteilung ist auch die *Oberste Technische Instanz (OTI)* des BMVg angesiedelt. Sie ist die fachlich abschließend verantwortliche Instanz für alle Verteidigungsbauaufgaben. Sie hat die Rolle der Fachaufsicht für die Bauverwaltungen und ist ihr gegenüber somit direkt (fachaufsichtlich) weisungsbefugt.[33]

Auch die Oberste Instanz des Bedarfsträgers (Nutzers) befindet sich im BMVg. Sie ist verantwortlich für den geforderten Bedarf einer Maßnahme. Die zuständige Abteilung ist davon abhängig, welcher Organisationsbereich das Bauvorhaben realisieren möchte.

c) Die Ebene der Durchführung - BAIUDBw

Alle zentralen, nicht ministeriellen Aufgaben wurden auf nachgeordnete Bundesoberbehörden delegiert. Für den Bereich Infrastruktur werden diese Aufgaben in der Oberinstanz von dem **Bundesamt für Infrastruktur, Umweltschutz und Dienstleistungen der Bundeswehr (BAIUDBw)** in Bonn wahrgenommen. Das Bundesamt wurde im Zuge der Neuausrichtung 2012 gegründet. Es vereint nach den RBBau Rollen und Aufgaben in einer Behörde, welche bislang von mindestens drei verschiedenen Ämtern wahrgenommen wurden: Wehrbereichsverwaltung (WBV), Streitkräfteamt (SKA) und die zivilen bzw. militärischen Infrastrukturstellen.[34]

Diese Neuorganisation kann im BMVg-Erlass vom 20. August 2013 nachvollzogen werden. In der RBBau sind allerdings noch die alten Behördenbezeichnungen aufgeführt.[35] Die Nachvollziehbarkeit der Abläufe und Zuständigkeiten ist daher derzeit noch etwas erschwert, was insbesondere für neue Mitarbeiter im Bereich des Bundeswehrbaus zu Irritationen führen kann. Ein Aspekt, welcher möglicherweise zu Konflikten führt, die im Grunde aber zügig auf sachlicher Ebene behoben werden können, indem die Vorschriften aktualisiert und die Zuständigkeiten für alle transparent gemacht werden.

Die operativen Bauangelegenheiten sind in der Mittelinstanz bundesweit auf sieben regionale **Kompetenzzentren Baumanagement (BAIUDBw KompZBauMgmt)** verteilt. Der nationale Liegenschaftsbetrieb in der Ortsinstanz erfolgt durch Deutschlandweit insgesamt 41 Bundeswehr-Dienstleistungszentren. Für Liegenschaften der Bundeswehr in Bayern ist das Kompetenzzentrum Baumanagement in München zuständig.[36] Das BAIUDBw, im

---

[32] Abstimmungen zwischen zwei verschiedenen Bundesministerien erfolgen auf ministerieller Ebene direkt (vgl. § 26 GGO); Allgemein bindende Entscheidungen können nach § 19 GGO nur bei Einvernehmen erfolgen.
[33] Abschnitt A RBBau.
[34] *BMVg-Erlass IUD I4* – Az 68-03-03/12 vom 20. August 2013, S. 2.
[35] Die RBBau befindet sich noch immer in Überarbeitung, einzelne überarbeitete Abschnitte werden veröffentlich sobald diese abgestimmt sind. Die Nutzung der Online-Version der RBBau ist daher absolut empfehlenswert um auf dem neuesten Stand zu sein.
[36] *CPM*, Deutsche Bundeswehr, Folge 4, 10.4 Die „neue" Wehrverwaltung, St. Augustin, Stand Juni 2012.

Besonderen das jeweils zuständige Kompetenzzentrum arbeitet mit den Bauverwaltungen und der BImA zusammen. Sie haben jedoch bei der Planung und Durchführung von Großen Baumaßnahmen, im Gegensatz zu dem Verfahren Kleiner Baumaßnahmen nach RBBau, keine Weisungsbefugnis gegenüber den Bauverwaltungen[37]. Diese Befugnis obliegt allein der Obersten Technischen Instanz (OTI) (siehe oben).

2. Die Bauverwaltung des Freistaats Bayern

Die Leitung der Bayerischen Staatsbauverwaltung liegt auf ministerieller Ebene bei der **Obersten Baubehörde (OBB)**. Neben der Allgemeinen Inneren Verwaltung gehört diese organisatorisch zum Bayerischen Staatministerium des Innern (StMI). Die OBB bildet mit der Betreuung der staatlichen Bauvorhaben in Bayern einen der beiden Aufgabenbereiche des StMI ab.[38] In Bauangelegenheiten des Bundes übernimmt sie lediglich ministerielle Funktionen. Sie ist hauptverantwortlich für die Bereitstellung der Ressourcen und ausreichend qualifiziertem Personal zur Erledigung ihrer Aufgaben im Rahmen der Organleihe.[39]

a) Die Fachaufsicht führende Ebene[40] – Landesbaudirektion

Die **Landesbaudirektion (LBD)**, die derzeit noch an der Autobahndirektion Nordbayern angegliedert ist,[41] ist mit der Leitung für alle in Organleihe[42] betreuten Hochbauaufgaben des Bundes (zivil und militärisch) in Bayern betraut. „Sie übt dabei die Fachaufsicht [baufachlich und rechtlich] für die Staatlichen Bauämter aus."[43] Sie ist beispielsweise verantwortlich für die baufachliche Prüfung der Planungsunterlagen. Des Weiteren „prüft und bewertet [sie] Änderungen und Ergänzungen während der Aufstellung der EW-Bau" und „unterrichtet die OTI und das BMF und BAIUDBw über die Ergebnisse der EW-Bau"[44] (siehe weiter unten, Kapitel A III).

Für die Landesbaumaßnahmen sind die sieben Bezirksregierungen in der Mittelinstanz verantwortlich. Die Personalplanung der Bauverwaltung erfolgt auf oberster Instanz durch die OBB, in der Mittelinstanz über die Regierungen. Für die Genehmigung und Zuweisung von

---

[37] Bei Kleinen Baumaßnahmen (siehe Abschnitt A I 3 ab Seite 4) ist Ihnen diese Befugnis vom BMVg gem. Abschnitt L1 RBBau sowie ergänzende BMVg-Erlässe übertragen.
[38] STMI, Broschüre: „Das Bayerische Innenministerium – Wir stellen und vor", München, Stand Februar 2015.
[39] Anhang 7 (Gemeinsame Grundsätze 2008) RBBau, S. 2.
[40] Begriff aus Abschnitt A RBBau.
[41] Im Zuge des Konzepts „Heimatstrategie" von Heimat- und Finanzminister Dr. Markus Söder (‚Regionalisierung von Verwaltung – Behördenverlagerung' 2015') wird die Landesbaudirektion künftig als eigenständige Behörde mit Sitz in München und Ebern im Bereich des Innenministeriums geführt werden.
[42] Gemäß § 8 (5) des Finanzverwaltungsgesetz (FVG): Die LBD als Landesorgan (-behörde) nimmt neben ihren eigenen Verwaltungsaufgaben, Aufgaben des Bundes in dessen Vertretung und Namen wahr. Das entliehene Organ (z.B. das Bundeswehrgebäude) gehört organisatorisch zum Bund, wird im Rahmen der Gesetzgebung jedoch von der Landesbehörde (dem Landesorgan) verwaltet.
[43] § 3 OrgBauWoV.
[44] BMVg-Erlass IUD I4 – Az 68-03-03/12 vom 20. August 2013, Anlage 1.

neuem Personal in den Bauämtern, ist die Zustimmung der Regierung erforderlich. Die LBD ist nicht in die Personalplanung für die Bauämter involviert. Sie kann jedoch ein Bauamt darin unterstützen zusätzliches Personal zu erhalten, indem sie bei der OBB die Erforderlichkeit von zusätzlichen Kapazitäten betont. Wenn ein Amt in sehr kurzer Zeit ein für den Bund politisch bedeutsames Projekt mit großem Bauvolumen realisieren soll, und es ihm an Ressourcen mangelt, könnte ein solcher Schritt beispielsweise erforderlich werden.

b)   Die Baudurchführende Ebene[45] – Bauamt

Die Durchführung der staatlichen Bauvorhaben obliegt im Hochbau den regional verteilten 22 Staatlichen Bauämtern (StBA). Hiervon betreuen 20 Bauämter neben Landes- auch Bundesbauangelegenheiten.

Die **Bauämter** in Bayern sind in Abteilungen und Sachgebiete unterteilt. Die Abteilungen Verwaltung, Recht und Technische Geschäftsleitung sind amtsübergreifend für alle Mitarbeiter des Bauamtes zuständig. Während in der Rechtsabteilung überwiegend Angelegenheiten des Straßenbaus behandelt werden (Grunderwerb und Grundstücksverwaltung), ist die Technische Geschäftsleitung für Vertragsangelegenheiten im Hochbau zuständig (Bauverträge, Verträge für Freiberuflich Tätige). Dort ist meist auch der Bereich für die Informations- und Kommunikationstechnik (IuK) untergebracht, der die technischen Ressourcen (Computer, Software etc.) auf Anforderung bereitstellt und betreut.

Der Fachbereich Hochbau gliedert sich auf in mehrere Liegenschafts- und einige Fachabteilungen mit Querschnittsaufgaben, die in der Regel alle dem Bauamt zugewiesenen Liegenschaften in ihrem Fachgebiet betreuen. Im staatlichen Bauamt Nürnberg sind dies im Hochbau beispielsweise zwei Abteilungen für zivile Bauangelegenheiten im Bereich Land und Bund, sowie jeweils eine Abteilung für Baumaßnahmen der Bundeswehr und Baumaßnahmen der US-Streitkräfte. Hinzu kommen die Abteilungen Maschinenwesen, Elektrotechnik und städtischer Ingenieurbau, welche als Querschnittsabteilungen alle vier Hochbauabteilungen in ihrem jeweiligen Fachgebiet unterstützen. Die Verteilung der Zuständigkeiten bezogen auf einzelne Liegenschaften und Maßnahmen erfolgt unter anderem durch die weitere Untergliederung in Sachgebiete.

---

[45] Begriff aus Abschnitt A RBBau.

III. Verfahrensstruktur: Entscheidungskaskaden, Auftragsabläufe

Die Planung von Großen Baumaßnahmen für die Bundeswehr durchläuft bis zu sechs einzelne Planungs- sowie Prüf- und Genehmigungsphasen[46] bevor das Vorhaben realisiert werden kann. Bei umfangreichen Liegenschaftsentwicklungen wird durch die Bundeswehr zunächst ein *Nutzungskonzept* aufgestellt. Dieses bildet die Grundlage für ein meist von der Bauverwaltung erstelltes *liegenschaftsbezogenes Ausbaukonzept*.[47]

Für die einzelnen Baumaßnahmen wird im Anschluss daran eine Vorplanung, die sog. *Entscheidungsunterlage – Bau (ES-Bau)*[48] aufgestellt. Diese dient zur grundsätzlichen Entscheidung für die Maßnahme sowie zur groben Terminplanung und Festsetzung der Kostenobergrenze. Einzelne Teile der ES-Bau, wie die *Infrastrukturforderung* und die *Varianten-untersuchung* können gegebenenfalls zuvor gesondert dem BMF zur Vorabstimmung vorgelegt werden. Nach Billigung dieser ES-Bau wird die Bauverwaltung beauftragt, die *Entwurfsunterlage – Bau (EW-Bau)*[49] zu erstellen. Die Bundeswehr erklärt lediglich ihr Einverständnis zur EW-Bau (durch das BAIUDBw), sofern die zuvor festgelegte Kostenobergrenze nicht überschritten wird. Falls dies doch der Fall ist, erfolgt eine weitere Prüfschleife über die beiden Ministerien (BMVg und BMF)[50] analog der Prüfung der ES-Bau.[51] Im Weiteren werden die Verfahrensabläufe erläutert.

---

[46] Im Allgemeinen und insbesondere in den Richtlinien (RBBau, BMVg-Erlässe etc.) werden meist die Begriffe „billigen" und „anerkennen" verwendet.

[47] Abschnitt L1 zu E RBBau. In vielen Kasernen bspw. aufgrund der Stationierungsentscheidung (2011) erforderlich. Übersteigen die Gesamtkosten aller Baumaßnahmen des Ausbaukonzeptes 25 Mio. € ist das BMF frühzeitig durch das BMVg zu beteiligen. Die aufeinanderfolgende Bearbeitung geht nicht explizit aus der RBBau hervor, entspricht jedoch zumindest dem Ablauf in Bayern.

[48] Der Umfang der Leistungen entspricht den Leistungsphasen 1 und 2 nach HOAI.

[49] Der Umfang der Leistungen entspricht den Leistungsphasen 3 und 4 nach HOAI.

[50] Nachzuvollziehen in der RBBau Abschnitt L1.

[51] Nachzuvollziehen in: Abschnitt E und L1 zu E RBBau.

1. Entscheidungsunterlage – Bau (ES-Bau)

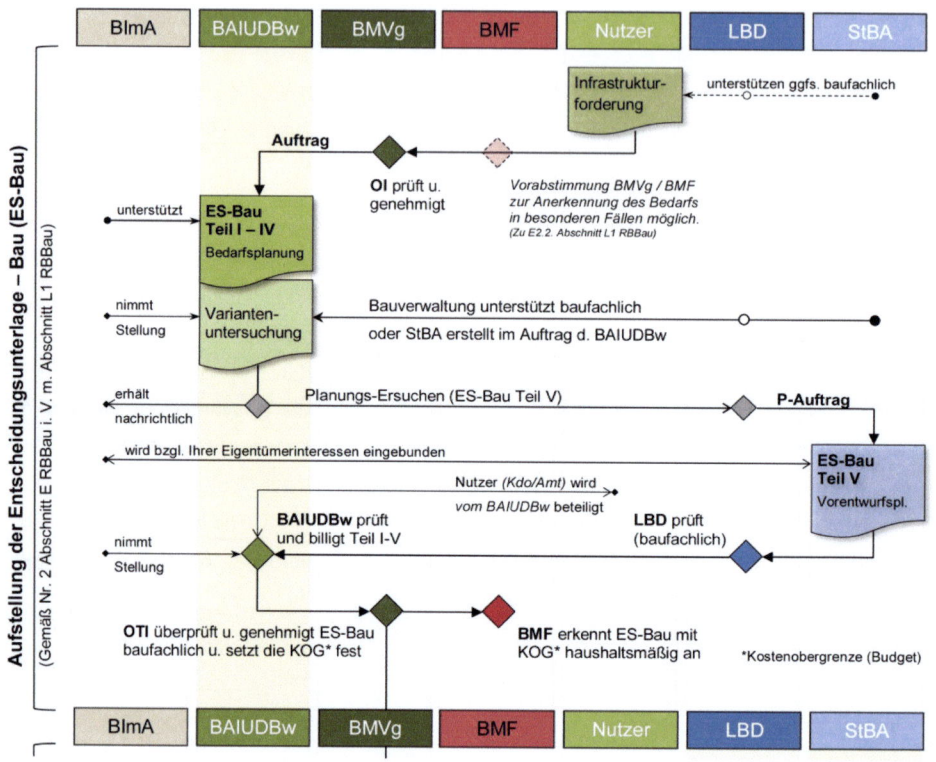

Abbildung 2: Verfahren zur Entscheidungsunterlage (ES-Bau)

Die *Entscheidungsunterlage – Bau (ES-Bau)* für Bauangelegenheiten des BMVg ist in fünf Teile gegliedert. Die ersten vier Teile werden von der Bundeswehr erstellt und bilden die Bedarfsplanung[52]. Der fünfte Teil (baufachlichen Unterlagen) entspricht der Vorentwurfsplanung, gemäß Leistungsphasen eins und zwei der HOAI. Dieser wird in der Regel von der Bauverwaltung oder einem von ihr beauftragten Büro erstellt.

a) Bedarfsplanung[53]

Zuerst stellt der zukünftige Nutzer (Bedarfsträger[54]) eine Infrastruktur-forderung auf[55]. In dieser erläutert und begründet er die erforderliche Baumaßnahme und stellt seine Anforderungen an das Vorhaben dar. Er erläutert die funktionalen Zusammenhänge und Betriebsabläufe und beschreibt z.b. welche Räume organisatorisch zusammen gehören. Diese Bedarfsforderung wird von der Obersten Instanz des Bedarfsträgers im BMVg genehmigt und, sofern notwendig, mit dem BMF vorabgestimmt: Allgemeine Grundlagen, wie beispielsweise die Raum- und Flächennormen der Bundeswehr (RFN) oder die grundsätzliche Infrastrukturforderung (GIF) geben den genehmigungsfähigen Bedarf im Grundsatz vor. Diese sind bereits mit dem Finanzministerium (BMF) verhandelt und bedürfen, sofern sie eingehalten werden, keiner erneuten Abstimmung mit diesem. Wenn in der Planung jedoch von dieser allgemeinen Basis abgewichen werden soll oder allgemein keine gültigen, zwischen BMVg und BMF verhandelten Grundlagen für die Maßnahme vorliegen, kann die Bedarfsforderung mit dem BMF vorab abgestimmt werden.[56] Die BImA wird hinsichtlich ihrer Eigentümerinteressen bereits in dieser Planungsphase beteiligt. Die Bauverwaltung des Landes unterstützt auf Anforderung bei der Erstellung der Infrastrukturforderung.[57]

Nach Genehmigung der Bedarfsforderung vervollständigt das BAIUDBw die Bedarfsplanung (die sog. ES-Bau Teil I-IV). Im ersten Teil erfolgt eine Allgemeine Baubeschreibung des geforderten Vorhabens inkl. Kosten, gewünschtem Fertigstellungstermin und Darstellung sonstiger in diesem Zusammenhang notwendiger Baumaßnahmen[58]. Die zuvor erläuterte Infrastruktur-/Bedarfsforderung bildet den zweiten Teil der ES-Bau. Im dritten Teil wird der Unterbringungsumfang für das Personal und/oder die Ausrüstung[59] beschrieben. Im Teil vier ist eine Aufstellung der benötigten Räume dargestellt[60]. In den RBBau heißt es: „Die Anforderungen sind eindeutig und abschließend zu definieren"[61]. Hintergrund dieser Forderung ist

---

[52] ES-Bau Teil I-IV gemäß RBBau Abschnitt L1.
[53] RBBau Abschnitt L1 zu F, ES-Bau Teil I-IV.
[54] Kommandooberbehörde oder Amt (Kdo/Amt): z.B. das Kommando Luftwaffe für Gebäude der Luftwaffe oder das Verpflegungsamt der Bundeswehr für ein Wirtschaftsgebäude.
[55] Sofern die Planung auf abgestimmten Grundlagen (GIF/RFN, s. nächster Absatz) beruht kann die Infrastrukturforderung auch von BAIUDBw (s. Organisationsstrukturen Bw) unter Beteiligung des Nutzers erstellt werden. Vgl. RBBau Abschnitt L1 und BMVg-Erlass IUD I4 – Az 68-03-03/12 vom 20. August 2013
[56] Ebenda.
[57] Ebenda.
[58] Abschnitt L1 zu F, ES-Bau Teil I RBBau.
[59] Abschnitt L1 zu F RBBau, ES-Bau Teil III (Raumbedarfsplan).
[60] Abschnitt L1 zu F RBBau, ES-Bau Teil IV.
[61] Punkt 2.2.1.2 Abschnitt E RBBau.

die Planungs- und Kostensicherheit für die anschließend auf dieser Basis durchzuführende Variantenuntersuchung.

Die Variantenuntersuchung ist eine Analyse zur Deckung des Bedarfs auf unterschiedliche Weise (z.B. durch Anmietung, Kauf, Leasing, durch Eigenbau (als Neu-, Um- oder Erweiterungsbau) oder Öffentlich-Private Partnerschaft (ÖPP)). Die Durchführung der Untersuchung liegt in der Verantwortung der Bundeswehr.[62] Sie kann sich durch die Bauverwaltung unterstützen lassen, was in der Regel auch gemacht wird. Das Ergebnis wird der Bedarfsplanung (ES-Bau Teil I-IV) beigefügt.

b) Vorentwurfsplanung (baufachliche Unterlagen)[63]

Erst nach Fertigstellung und Billigung der vorgenannten Unterlage wird die Bauverwaltung auf dieser Grundlage mit der Aufstellung des fünften Teils der ES-Bau beauftragt, die sog. baufachlichen Unterlagen[64]. Dabei handelt es sich um eine Vorplanung im Sinne der Leistungsphasen 1 und 2 nach HOAI. Es werden insbesondere die baurechtlichen Anforderungen erörtert und die Kosten geschätzt. Die Federführung und Verantwortung liegt hier nach wie vor bei der Bundeswehr. Das Bauamt in der Baudurchführenden Ebene[65] vergibt diese Leistung aus Mangel an Kapazitäten meist an freiberuflich tätige Architekten und Ingenieure. Die Baufachliche Prüfung gemäß den RBBau erfolgt in erster Instanz durch die Fachaufsichtführende Ebene[66] (Landesbaudirektion). Diese sendet die von ihr geprüfte Unterlage mitsamt einem intern abgestimmten Prüfvermerk an die federführend zuständige Abteilung des BAIUDBw. Dieses überprüft insbesondere die Übereinstimmung mit der Bedarfsforderung und beteiligt den Nutzer, die BImA und alle weiteren erforderlichen, zuständigen Stellen (z.B. hinsichtlich Arbeitsschutz, Technischer Umweltschutz etc.).[67] Die Feststellungen aller Prüfenden werden in einem abgestimmten Prüfbericht dokumentiert. Das Gesamtergebnis wird der Obersten Technischen Instanz (OTI) im BMVg vorgelegt. Die Oberste Instanz (OI) des Bedarfsträgers erhält ebenfalls eine Kopie von diesem Prüfbericht. Die OTI überprüft, genehmigt baufachlich und legt die Kostenobergrenze fest. Des Weiteren ist sie dafür zuständig, die haushaltsmäßige Anerkennung durch das Bundesfinanzministerium zu erwirken (Ressortabstimmung auf ministerieller Ebene).[68]

---

[62] Abschnitt E RBBau.
[63] RBBau Abschnitt L1 zu F, ES-Bau Teil V.
[64] Gem. RBBau Abschnitt L1; Im Abschnitt E unter Punkt 2.2.3 als „Qualifizierung zur ES-Bau", im Abschnitt F mit dem Begriff „Komplettierende Unterlagen" bezeichnet.
[65] Begriff aus Abschnitt A RBBau, weitere Erläuterungen hierzu ab Seite 10.
[66] Ebenda, weitere Erläuterungen hierzu ab Seite 9.
[67] Ebenda, Anlage 1.
[68] Ebenda.

2. Entwurfsunterlage – Bau (EW-Bau)

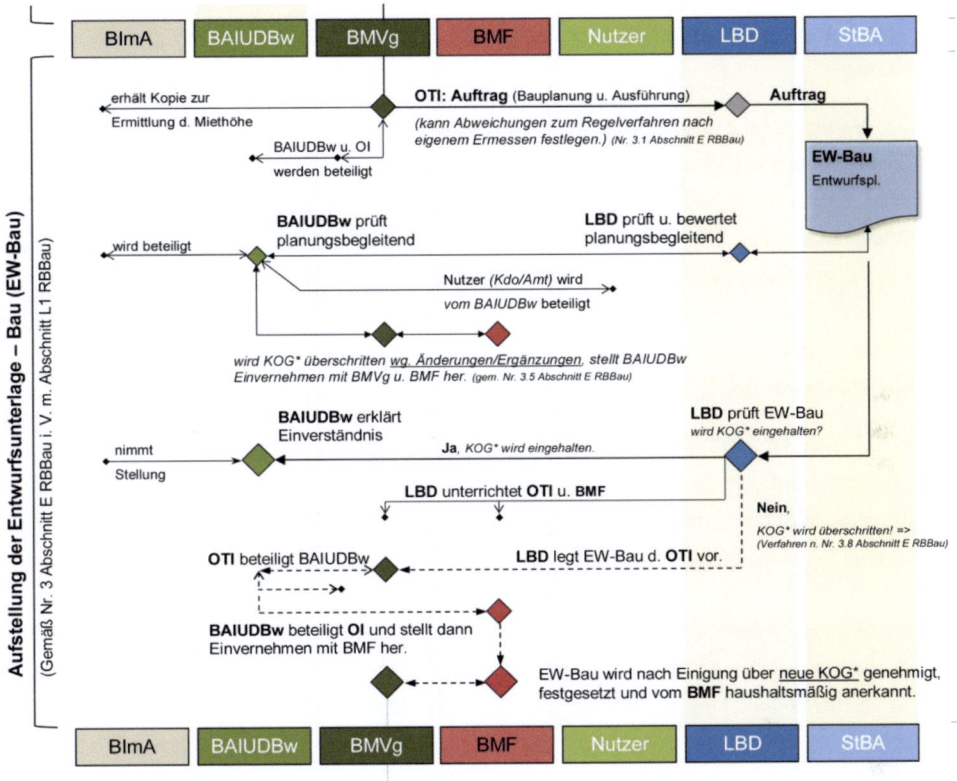

Projektmanagement: in der ES-Bau-Phase ist das BAIUDBw verantwortlich, ab der EW-Bau die Bauverwaltung
(Vgl. Abschnitt K2 RBBau)

Abbildung 3: Verfahren zur Entwurfsunterlage (EW-Bau)

15

Nach erfolgter Prüfung und Anerkennung der ES-Bau beauftragt die OTI die Bauverwaltung mit der Erstellung der *Entwurfsunterlage-Bau (EW-Bau)* unter Beachtung und Einhaltung der Kostenobergrenze. Die EW-Bau entspricht der Entwurfs- und Genehmigungsplanung nach HOAI.

Die Verantwortung geht mit diesem Planungsschritt auf die Bauverwaltung über. Diese beteiligt das BAIUDBw, das die Unterlage planungsbegleitend prüft und den Nutzer einbezieht. Sofern die Kostenobergrenze (KOG) eingehalten wird, prüft und bewertet die LBD die Bauunterlage. Auf Seiten der Bundeswehr erklärt das BAIUDBw lediglich sein Einverständnis. Ist die Kostenberechnung in der Entwurfsunterlage jedoch höher als die festgelegte Kostenobergrenze, muss diese der OTI und dem BMF nochmals zur Anerkennung vorgelegt werden. Dies kann einen zeitlichen Verzug des Vorhabens von mehreren Wochen und Monaten bedeuten.

Wenn sich im Verlauf der Entwurfsplanung die materiellen Festlegungen der ES-Bau verändern und dies zu Kostenüberschreitungen führt, müssen sich alle Planungsbeteiligten frühzeitig zusammen mit der OTI und dem BMF einvernehmlich darauf einigen, die genehmigten Grundlagen zu verändern. Die daraufhin erstellte EW-Bau muss den Ministerien jedoch trotzdem wie beschrieben zur Billigung vorgelegt werden, auch wenn diese vorab schon zu der Änderung der Grundlagen ihr Einverständnis erteilt haben.[69] Meist werden die Bauvorhaben in einem engen Zeitrahmen geplant. Die Bestrebung, die Kostengrenze nicht zu überschreiten ist daher sehr groß. Dies ist vom Bund auch so beabsichtigt, die Prämisse ist eine „kostenorientierte Planung"[70] und wirtschaftliche Planung mit dem Ziel, die ministeriellen Ebenen zu entlasten.

3. Ausführungsunterlage – Bau (AFU-Bau), Durchführung

Die zuvor beschriebene Prüfung der EW-Bau ist in diesem geregelten Verfahren die zunächst letzte geplante Prüfung durch den Bauherrn. Die Bauverwaltung erstellt mit dem Ausführungsauftrag der OTI die Ausführungsunterlage (Werkplanung und Ausschreibung). Sie ist für die weitere Durchführung selbst verantwortlich und überwacht die Einhaltung der Kosten, Termine und Qualitäten. Die Verantwortung für die Kosten- und Terminkontrolle liegt beim BAIUDBw, welches von der Bauverwaltung fortlaufend unterrichtet wird. Die ministeriellen Ebenen werden nur im Falle eines Nachtrags nochmals eingebunden. Auf die Beschreibung dieser Verfahren verzichte ich hier jedoch, da es für das Thema dieser Studie irrelevant ist. Es kann bei Interesse in den RBBau nachvollzogen werden.[71]

---

[69] Punkt 3 Abschnitt E RBBau.
[70] Punkt 2.3 Abschnitt K2, RBBau.
[71] Nummer 4 und 5 Abschnitt E und L1 zu E5 RBBau.

16

B. Konfliktfelder

I. Konflikte im Projektverlauf

1. Komplexität und Vernetzung der Vorhaben

Schon in der bis jetzt dargestellten Ausgangssituation der Verfahrenswege und Beteiligten für die Planung von Bauvorhaben für die Bundeswehr wird deutlich, dass es sich um komplexe Vorhaben mit etlichen Beteiligten handelt. Je detaillierter die Planungen werden, desto mehr „Mitspieler" kommen hinzu. Im Rahmen der Erstellung der EW-Bau werden für die einzelnen Fachsparten Planungsbüros (Architekten, Ingenieure) und soweit erforderlich zusätzlich besondere Fachplaner (Bauphysiker, Akustiker usw.) hinzugezogen. Werden aus terminlichen Gründen schließlich einzelne Teile der Gesamtmaßnahme bereits parallel zu den noch laufenden Planungen vorab beauftragt und ausgeführt, erhöht sich die Anzahl der am Projekt Beteiligten und somit die Gesamtschwierigkeit des Vorhabens noch mehr. Dabei kann es sich beispielsweise um Abbrucharbeiten oder vor Beginn eines Neubaus erforderliche naturschutzrechtliche Ausgleichsmaßnahmen, z.B. um Ersatzquartiere für Fledermäuse, handeln. Diese Parallelität wirkt zwar beschleunigend birgt jedoch ein nicht unerhebliches Konfliktpotential sofern Entscheidungen vorschnell und Abhängigkeiten nicht vollumfänglich bedacht worden sind. Auch die gesteigerte Komplexität durch noch mehr Akteure und weitere Aufgaben, die koordiniert und erledigt werden müssen kann Streitpotential bieten. Häufig wird dies von den bereits zuständigen Projektleitern ebenfalls übernommen, so dass der erhöhte Aufwand die häufig ohnehin schon strapazierten Kapazitäten noch mehr bindet.

Die zusätzliche Sorge einer erneuten Prüfschleife der EW-Bau-Unterlagen bedingt des Öfteren Spannungen im Planungsteam. Das Konfliktpotential ist hoch. Häufig werden aufgrund dessen *belastbare Kostenschätzungen* gefordert. Dies führt immer wieder zu Konflikten zwischen dem Bauamt und dessen beauftragten Planungsbüros. Die Büros sind auf Sicherheit bedacht und fordern die Beistellung von Fachplanern (Akustiker, Bauphysiker etc.). Gemäß RBBau wird eine Kostenschätzung nach DIN 276-1 anhand von Kostenkennwerten gefordert.[72] Eine solche Kostenschätzung wird im Normalfall einzig vom beauftragten Architekturbüro erbracht. Spezifische Kosten und erforderliche technische Maßnahmen, z.B. aufgrund der Bauakustik oder ähnliches kann der Architekt jedoch meist nicht beurteilen. Da er seine Kosten und Aufschläge explizit begründen muss, möchte er diese meist von einem Fachplaner schätzen/beurteilen lassen. Im Rahmen der ES-Bau dürfen Kostenverpflichtungen jedoch nur insoweit eingegangen werden, als sie für die Erstellung der Bauunterlage notwendig sind.[73] Grundsätzlich sollen Planungskosten im Rahmen der ES-Bau für den Fall,

---

[72] Nummer 1.4.3 Abschnitt F RBBau.
[73] Vgl. Vorbemerkungen zu Vertragsmuster VM 1 RBBau.

dass das Vorhaben nicht realisiert wird, gering gehalten werden.[74] Es werden daher im Allgemeinen seitens der Vertragsabteilung keine Fachplaner beauftragt. Sofern sich ein Architekt selbst beraten lässt hat er diese Kosten selbst zu tragen. In dieser Hinsicht gibt es oft Diskussionen.

„Die deutsche Bauwirtschaft ist von Feindseligkeiten zwischen allen Projektbeteiligten aufgrund der extrem gegenläufigen Interessen geprägt."[75] Konflikte am Bau sind keine Seltenheit. Sie müssen aber nicht immer schlecht sein. Konflikte können sich durchaus positiv auf das Vorhaben auswirken. Ihre Bearbeitung erfordert kreative Ideen. Diese können das Projekt günstig beeinflussen und ein gutes Stück voran bringen. Häufig scheuen sich Personen jedoch vor ihnen, weil sie Unruhe bringen, den Fluss stören und Energie binden. Eine erfolgreiche Beilegung eines Konfliktes kann für ein Team von Vorteil sein. Es kann längerfristig einen vielversprechenden Einfluss auf das Verhalten der Beteiligten haben. Das Team hat gemeinsam ein Hindernis aus dem Weg geräumt und kommt motivierter, vielleicht sogar gestärkt aus diesem Prozess hervor. Konflikte sind also nicht grundsätzlich schlecht. „Das Problem an Konflikten ist, dass sie frühzeitig erkannt werden müssen, um die negativen Eigenschaften zu minimieren und die positiven zu ermöglichen. Das Problem ist daher nicht der Konflikt selbst, sondern die Unfähigkeit ihn auszutragen."[76]

Je mehr Personen an einem Prozess beteiligt sind, desto Facettenreicher gestalten sich die Interessen und Wichtungen für das Projektziel. Auch die Art mit Konflikten umzugehen unterscheidet sich individuell von Person zu Person. Die Mitwirkenden sind jedoch voneinander abhängig. Alleine können sie das Vorhaben nicht bewältigen. In solchen Projekten treffen Menschen mit divergierenden Fähigkeiten und Erfahrungen aufeinander um eine Maßnahme im Team zu bewältigen und dabei verschiedenste Probleme gemeinsam zu lösen. Schwierig wird die Zusammenarbeit erst dann, wenn sich eine Person „bei der Realisierung [ihres] Denkens, Vorstellens, Wahrnehmens, Fühlens oder Wollens durch einen anderen Menschen beeinträchtigt fühlt"[77] und diese Hinderung als ungerechtfertigt empfindet.[78]

2. Die Beteiligten und ihre Rollen

Die Rolle, die eine Partei in dem Gesamtprojekt inne hat, beeinflusst bereits deren Haltung. Der Nutzer beispielsweise kann sich etwas wünschen, ob seine Wünsche vollumfänglich verwirklicht werden ist jedoch von anderen abhängig: Zunächst muss seine Oberste Instanz

---

[74] Vgl. Vorbemerkungen zu Vertragsmuster VM 1 RBBau.
[75] *Ahrens/Bastian/Muchowski*, Handbuch Projektsteuerung – Baumanagement, 2014, S. 384.
[76] Ebenda, S. 453.
[77] Vgl. Kursnr. 71059/1 (Stand 2007): *Schweizer*, Konflikte und wie wir sie lösen, 2013, S. 5.
[78] Vgl. Kursnr. 71067/2 (Stand 2013): *Schmidt*, Perspektiven auf den Konflikt, 2013, S. 39.

(OI) im BMVg dem Bedarf zustimmen.[79] Das Finanzministerium des Bundes (BMF) muss ebenfalls einverstanden sein und die Mittel bereitstellen. Der Nutzer muss also verhandeln – sofern nicht schon früher verhandelt wurde und er sich mit seinem Bedarf an einer bereits abgestimmten Grundlage orientiert. In manchen Fällen gibt es Bundeswehrintern überarbeitete Unterlagen, die aber noch nicht mit dem BMF final verhandelt sind. So kommt es vor, dass der Nutzer anhand überarbeiteter Planungshilfen des BMVg etwas fordert. Er hofft möglicherweise, dass diese in der Zwischenzeit auf anderer Ebene mit dem BMF verhandelt und zu einer gültigen Planungsgrundlage werden. Doch sollte kein Verhandlungsergebnis übergeordnet zustande kommen, erkennt der BMF seine Forderung vielleicht nicht an. Vielmehr wird er die Überarbeitung anhand der gültigen, bereits abgestimmten Basis fordern.

Grundsätzliche Planungen oder Richtlinien zum Bedarf werden meist von anderen Stellen ausgehandelt. Dem zuständigen Mitarbeiter des BMF ist es daher oft schwer möglich hierüber im konkreten Fall zu entscheiden ohne dabei an anderer Stelle Konflikte auszulösen. Beispiele hierfür waren in den letzten Jahren unter anderem Forderungen für Wirtschafts- und Betreuungsgebäude oder der Unterkunftsstandard.

Das Bundesamt für Infrastruktur, Umweltschutz und Dienstleitungen der Bundewehr (BAIUDBw), welches als Maßnahmenträger verantwortlich ist für die Durchführung der Vorhaben, widmet sich nach erfolgreicher Realisierung neuen Herausforderungen. Sie nutzen das Gebäude nicht. Ihr Hauptaugenmerk liegt auf der Wirtschaftlichkeit und der Reduzierung der laufenden Betriebskosten. Die Bauverwaltung achtet nicht nur auf die Einhaltung des öffentlichen Rechts, ihr Fokus liegt unter anderem auf eine Realisierung des Vorhabens mit möglichst wenig Hindernissen. Sie sind bei der Durchführung, als Vertreter des Bauherrn, der Vertragspartner für die Planer und Firmen. Somit sind sie auch hauptverantwortlich für die Regelung von Konflikten, die in späteren Phasen auftreten.

Alle haben sie das gleiche Ziel, doch alle haben gleichzeitig einen anderen Blick auf das Gesamtergebnis bzw. auf den Weg zum Ziel. Sie legen ihr Hauptaugenmerk jeweils auf einen ganz individuellen Teilaspekt des Ganzen. Missverständnisse und Konflikte sind hier an der Tagesordnung. Die eine Partei fühlt sich durch die andere vielleicht gegängelt, weil diese an Aspekten kritisiert, die doch augenscheinlich gerade nicht so relevant sind – zumindest in der eigenen Wahrnehmung. Gefährlich wird es zudem, wenn Vorannahmen über die Haltung eines Gegenübers vorliegen und dieser in eine mentale Schublade geschoben wird. In der Annahme genau zu wissen wie der Andere reagieren und handeln wird, wird eine Partei gegebenenfalls genau dieses vermutete Verhalten beim Gegenüber durch das eigene Agieren hervorrufen. Unsere Wahrnehmung ist nicht nur durch das eigene und fremde Bild geprägt, sondern es wird außerdem in einem nicht unerheblichen Maß durch

---

[79] Vgl. Kapitel A III „Verfahrensstruktur: Entscheidungskaskaden, Auftragsabläufe", Seite 11.

jenes beeinflusst, was der andere unserer Vermutung nach von uns denkt (Metabilder).[80] Im Vordergrund der strittigen Themen steht in der Regel die Sachebene, doch ohne die eigentlichen Interessen hinter den jeweiligen Positionen auf der Beziehungsebene zu beleuchten, sind einvernehmliche und nachhaltige Lösungen der Konflikte, meines Erachtens, in den überwiegenden Fällen kaum möglich. Sind sie voreingenommen, verhalten sich Konfliktpartner wenig konstruktiv. Eine sachliche Erörterung wird erschwert. „Alle Äußerungen werden (nur) als Kritik und Vorwürfe, also auf der Beziehungsebene interpretiert."[81] Um solche eingefahrenen Kommunikationsmuster zu durchbrechen braucht es gegenseitiges Verstehen. Im Sinne von Nachvollziehbarkeit, nicht im Sinne von Verständnis oder einverstanden sein. Mediationsverfahren sind ein probates Mittel sie darin zu unterstützen.

3. Sinkender Einfluss im Projektverlauf

Während der Informationsstand im Laufe eines Projektes kontinuierlich steigt, sinkt der Einfluss auf Kosten und Qualitäten zum Ende hin auf ein Minimum. Das größte Potential zur Steuerung der Gesamtkosten des Projektes liegt demnach in den frühen Projektphasen: der Vorentwurfs- (ES-Bau) und Entwurfsplanung (EW-Bau).[82] In einer frühzeitigen, präzisen und eindeutigen Definition der Qualitäten können wichtige Weichen für ein kostenbewusstes Planen gelegt werden. Hinzu kommt, dass Änderungen in späteren Projektphasen, insbesondere in der Ausführung, nur noch mit erhöhtem Planungs-, Energie- und Kostenaufwand möglich sind.[83] Interventionen, die zum Ende eines Projektes erfolgen, verursachen meist hohe Investitionskosten (Baukosten sowie Nebenkosten, z.B. Kosten für Umplanungen).[84] Unplanmäßige Kostensteigerungen können leicht zum Streit zwischen den Beteiligten führen, etwa in der Frage wer verantwortlich ist für die Kostensteigerung und wer diese Mehrkosten zu tragen hat. Diskussionen und Streitereien bspw. über die Frage ob es sich dabei um Ausführungs- oder Planungsfehler handelt sind meist die Folge dessen. Meinungsverschiedenheiten dieser Art sind in der Regel von extrem gegenläufigen Positionen gekennzeichnet und daher in großem Maße konfliktträchtig. Sie können mitunter zu langwierigen Gerichtsprozessen führen.[85] Übersteigen die Kosten das veranschlagte Budget in besonderem Maße und werden zudem die Medien darauf aufmerksam, kann es gar zu unangenehmen Eskalationen und politischen Debatten kommen. Der Flughafen in Berlin, die Elbphilharmonie in Hamburg und auch der Bischofssitz in Limburg sind jüngste Beispiele für

---

[80] Kursnr. 71068 (Stand 2008): *Bolten/Herzog/Kriegel* Interkulturelle Kommunikation, S. 72.
[81] Montada/Kals, Mediation: psychologische Grundlagen und Perspektiven, 2013, S. 214.
[82] *Ahrens/Bastian/Muchowski*, Handbuch Projektsteuerung – Baumanagement, 2014, S. 381.
[83] Ebenda, S. 247.
[84] Ebenda, S. 322.
[85] Mehr Informationen zu diesem Thema sowie den Möglichkeiten zur Konfliktbeilegung mit Mediation bei Streitigkeiten der Bauämter mit Firmen und Planern gibt die Masterarbeit von Frau *Keller* im Rahmen des Master Mediation an der Fernuni Hagen mit dem Thema „Implementierung der Mediation in der bayerischen Staatsbauverwaltung", 2007.

skandalträchtige, negativ besetzte Bauprojekte in den Medien. Auch in der Öffentlichkeit wird dabei die Frage nach den Verantwortlichen gestellt. Wer möchte sich schon für ein solches Projekt öffentlich (mit)verantwortlich zeigen müssen?

Zur Vermeidung von (solchen) Konflikten sollten frühzeitig Projektziele definiert und präzisiert werden.[86] Der Informationsstand ist zu diesem Zeitpunkt jedoch in der Regel noch recht gering. Auch an Planungs- und Kostensicherheit mangelt es. In dieser Unsicherheit müssen sich dann Entscheider entweder trauen Verantwortung für ihre Festlegungen zu übernehmen – etwa aus ihrer Erfahrung heraus –, oder sie versuchen ihr Sicherheitsbedürfnis ausreichend zu befriedigen. Meist werden ergänzende Gutachten, Varianten- sowie Wirtschaftlichkeitsuntersuchungen gefordert. In der Maslow'schen Bedürfnispyramide[87] entspricht das Bedürfnis nach Sicherheit der zweiten von insgesamt fünf Stufen. Sie bildet gleich nach den körperlichen Bedürfnissen eine wichtige Basis für das Wohlbefinden eines Menschen in dem Wunsch nach Selbstverwirklichung. Gelegentlich werden solche Untersuchungen zusätzlich zur Untermauerung der bereits auf anderem Weg ermittelten, empfohlenen, besten Alternative gewünscht. Der hierfür zuständige Sachbearbeiter sieht dabei häufig lediglich den notwendigen zusätzlichen Aufwand bei – in seinen Augen – geringem Nutzen. In seiner Interpretation werden möglicherweise nur Ressourcen (seine und vielleicht noch die Anderer) verschwendet, ohne dass es (vermeintlich) zu Veränderungen kommt. In seinen Augen ist dies überflüssig und frustrierend. Er fühlt sich gestört. Solche Bedürfniskonflikte sind oft Hintergrund von Mediationsverfahren.[88] Wenngleich aufgrund der Entscheidungskompetenzen aus hierarchischer Sicht vielleicht kein objektiver Konflikt vorhanden sein „dürfte", liegt doch mindestens ein intrapersoneller Konflikt in diesem Sachbearbeiter vor. Demotivation, Frust bis hin zu innerer Kündigung können, je mehr Spannung in ihm herrscht, dabei die Folge sein. Dies kann sich negativ auf das Betriebsklima oder etwa durch Krankheit oder Fehltage schlecht auf die Behörde auswirken. Eine Klärung des Konfliktes ist hier meiner Meinung nach empfehlenswert. Mediation ist für solche Art von Konflikten ein ideales Verfahren.

Zeitintensive Untersuchungen können hinsichtlich der Dauer eine weitere Konfliktursache darstellen. Gutachten sind oft aufwändig. Auch die Analyse und Integration dieser Gutachten in die vorliegende Planung ist nicht von heute auf morgen passiert. Der Termindruck ist in der Regel jedoch relativ hoch. In diesem Fall stehen sich der Wunsch nach Planungs- und Kostensicherheit und der Termindruck konträr gegenüber. Wird der Gefährdung des Zeitziels

---

[86] Ahrens/Bastian/Muchowski, Handbuch Projektsteuerung – Baumanagement, 2014, S. 85 und S. 143.
[87] U.A. in Groß, Ökonomische Aspekte der Mediation, § 50 Rdnr. 8 Handbuch Mediation, 2009 und Gaugl, Politische Machtspiele – Schlachtfeld oder Chance Braucht unsere Demokratie Mediation?, 2015, S. 34f. In der Theorie von Maslow unterliegen menschliche Bedürfnisse einer hierarchischen Struktur: 1. Physiologische Bedürfnisse, 2. Bedürfnis nach Sicherheit, 3. nach Zugehörigkeit, 4. nach Zugehörigkeit, 5. Selbstverwirklichung. Das darunterliegende Bedürfnis muss jeweils zunächst ausreichend befriedigt sein, bevor der Mensch sich dem darüber liegenden Bedürfnis umfassend widmen kann.
[88] Groß, Ökonomische Aspekte der Mediation, § 50 Absatz III Handbuch Mediation, 2009.

(z.B. durch Anpassungen) nicht Rechnung getragen kann es ebenso zu Spannungen zwischen den Projektbeteiligten kommen. Das Konfliktpotential steigt.

4. Kommunikation der Projektziele

Projektziele müssen frühzeitig definiert und kommuniziert werden. Die Projektbeteiligten müssen die Ziele kennen und auch verstehen um zu wissen was sie erreichen sollen.[89] Für Bauvorhaben des Bundes betrifft dies die Definition und Festlegung von Terminen, Kosten sowie der Quantitäten/Qualitäten.[90] Diese Vorgaben beeinflussen sich gegenseitig: Soll schneller gebaut werden steigen die Kosten oder es hat Einfluss auf die Qualität. Wird die Qualitätsanforderung gemindert, reduzieren sich die Kosten und es kann möglicherweise schneller realisiert werden. Lässt man sich dagegen mehr Zeit für die Planung, können verschiedene Varianten gleichwertiger Qualitäten untersucht und Einsparpotentiale gefunden werden. Voraussetzung ist eine Ergebnisoffenheit und Flexibilität innerhalb der drei Aspekte. Diese Abhängigkeiten der genannten Ziele lassen sich in einer Triade visualisieren, dem „dynamische[n] Projektdreieck"[91]. Im Zentrum dieses Dreiecks ist als wesentliches Steuerelement noch die Ebene der Projektorganisation zu ergänzen.[92] In dieser Ebene erfolgt die Koordination der einzelnen Teilziele zum Gesamtergebnis.[93] Je besser also diese Projektorganisation funktioniert, desto besser wirkt es sich auf das Gesamtziel aus. Erst mit dem Wissen um die Ziele, Prioritäten und wichtigen Parameter kann zielorientiertes Arbeiten gut funktionieren. Viele Missverständnisse können vermieden werden. Die Kommunikation ist somit ein wesentlicher Faktor zur Vermeidung und Eingrenzung von Konflikten. Die Darstellung der Projektorganisation in einem Projekthandbuch wie es auch in der RBBau[94] vorgeschlagen wird, ist dabei äußerst hilfreich. Insbesondere zur Veranschaulichung der projektspezifischen Vorgänge und Schnittstellen, Ansprechpartner etc..

---

[89] *Ahrens/Bastian/Muchowski*, Handbuch Projektsteuerung – Baumanagement, 2014, S. 454.
[90] Vgl. § 5 Nummern 5.2 bis 5.4 (Projektziele) Vertragsmuster VM 1 und VM 2 RBBau.
[91] *Drews/Hillebrand/Kärner/Peipe/Rohrschneider*, Praxishandbuch Projektmanagement, 2014, S. 42.
[92] *Ahrens/Bastian/Muchowski*, Handbuch Projektsteuerung – Baumanagement, 2014, S. 442.
[93] Ebenda, S. 441ff.
[94] Punkt 2.2 Abschnitt K2 RBBau.

II.   Konflikte in der Projektorganisation

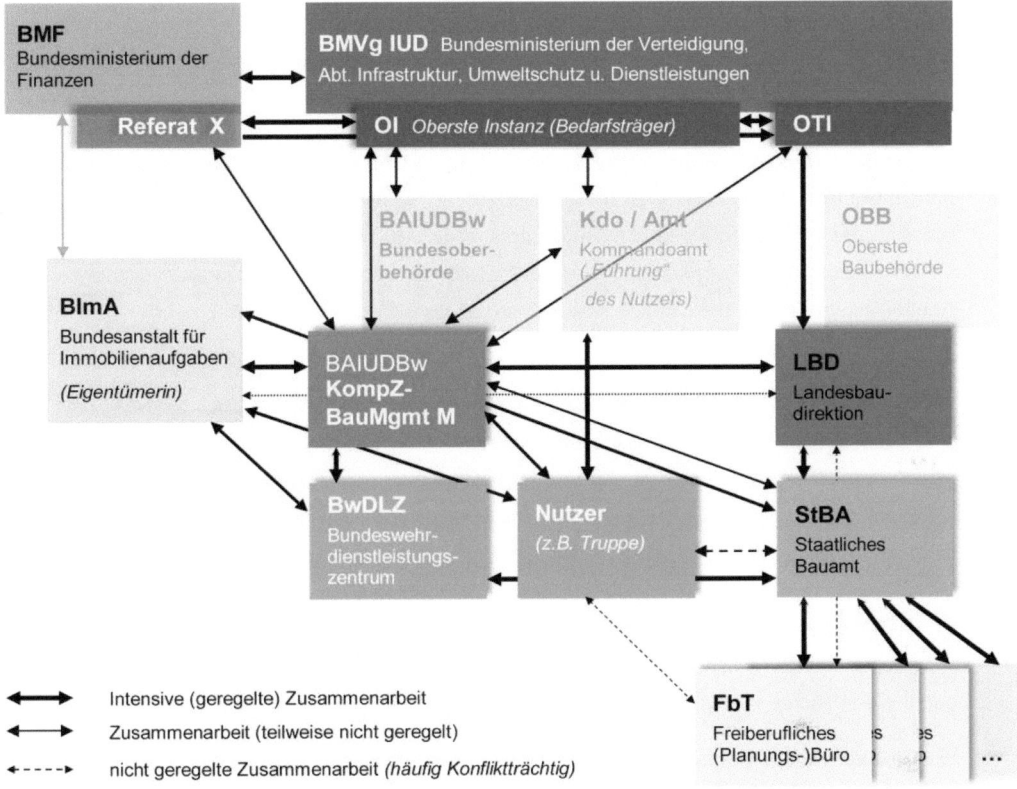

Abbildung 4: Zusammenarbeit im Projekt

1. Ein Zusammenspiel von mehreren Behörden

Die Projektstruktur für eine große Baumaßnahme im Bereich des BMVg ist geprägt von einer komplexen Struktur vieler beteiligter Behörden. Neben der Bundeswehr und der Bauverwaltung sind noch das Bundesministerium der Finanzen, die Bundesanstalt für Immobilienaufgaben (BImA), sowie zum Teil noch einige andere Organisationsbereiche z.b. als Träger öffentlicher Belange involviert.[95] Die zuvor beschriebenen Auftrags-, Prüf- und Genehmigungsabläufe[96] spiegeln den strukturellen Aufbau und die projektbezogene Zusammenarbeit der Behörden im Grunde wieder. (Bund/Land, Ministerielle Ebene/Oberinstanz – Mittelinstanz – Ortsinstanz). Die jeweiligen Aufgaben, Zuständigkeiten und auch die wechselseitigen Abhängigkeiten sind in den vorigen Abschnitten dargestellt und in den RBBau definiert.

Jede dieser Behörden ist in sich komplex. Sie sind hierarchisch strukturiert, die Arbeitsfelder sind meist klar definiert und zugewiesen, die Mitarbeiter zur Zusammenarbeit gezwungen[97]. Des Weiteren kämpfen sie mit „immer knapper werdenden finanziellen und personellen Ressourcen".[98] Von der Politik geführt und kontrolliert, können die politischen Vorgaben nicht selten mit den streng geregelten Verwaltungsvorgängen konfligieren. So kann es bspw. sein, dass eine politisch motivierte Beschleunigung eines Vorhabens zunächst mit den erforderlichen Verwaltungsvorgängen, wie z.B. Fristen im Vergaberecht in Einklang gebracht werden muss. Es sind sowohl die Bundesgesetze, Richtlinien und Leitfäden (z.B. GG, BauGB, BNatSchG, RBBau, Leitfaden Brandschutz, Nachhaltiges Bauen etc.) als auch die Landesgesetze zu beachten (BayBO, Vergabehandbuch Bayern etc.).

Konfliktfelder in der Planung von Bauprojekten der Bundeswehr ergeben sich intern und extern:

- Konflikte zwischen den beteiligten Behörden,
- Konflikte „zwischen einzelnen Personen und/oder Personengruppen"[99] der gleichen oder verschiedener Behörden,
- Konflikte zwischen Gruppen oder Abteilungen untereinander oder
- Konflikte zwischen einer Gruppe / Abteilung und einzelnen Personen.

Diese Konflikte können innerhalb einer Behörde auftreten, aber auch Behördenübergreifend (z.B. zwischen Bauamt und Landesbaudirektion).

Innerbehördliche Auseinandersetzungen können beispielsweise zwischen einer Führungskraft und dessen Mitarbeiter oder Mitarbeiterin auftauchen oder auch zwischen zwei Mitar-

---

[95] Z.B. Denkmal- oder Naturschutzbehörden, der Bundesforst usw.. Eine Darstellung der maßgeblich beteiligten Behörden erfolgte in den zuvor beschriebenen Abschnitten.
[96] Für Große Baumaßnahmen der Bundeswehr mit dem Maßnahmenträger BMVg.
[97] Kursnr. 71080/2 (Stand 2014): *Kostka/Röchling/Schmidt* Innerbehördliche Mediation, S. 5.
[98] Ebenda, S. 5.
[99] Ebenda, S. 8.

beitern untereinander. Streitereien zwischen zwei Abteilungen, wie z.B. dem Ingenieurbau und dem Hochbau oder auch der Vertragsabteilung und einer der technischen Abteilungen sind nicht ungewöhnlich. Beispiele hierfür sind Uneinigkeit bezüglich Zuständigkeiten, der Federführung einer Baumaßnahme oder z.b. über die Wertung von Gegenangeboten bei der Einschaltung eines Büros bzw. der Zeitpunkt für dessen Einschaltung/Beauftragung selbst.

Behördenübergreifende Konflikte sind beispielsweise Unstimmigkeiten zwischen einer Hochbauabteilung im Bauamt und der Fachaufsicht führenden Hochbauabteilung in der Landesbaudirektion, etwa über den Inhalt oder die Qualität einer Bauunterlage. Uneinigkeiten zwischen der Landesbaudirektion und dem Bundesamt für Infrastruktur, Umweltschutz und Dienstleistungen der Bundeswehr (BAIUDBw) betreffen oft den Inhalt oder den Vorlagetermin von Bedarfs- oder Bauunterlagen. Es ist zu beobachten, dass die Streitthemen meist wechselseitig motiviert sind, abhängig von dem in jenem Moment vorherrschenden Druck: Ist der Termindruck hoch, überwiegt die Diskussion über die Termine, etwa für die Vorlage von Unterlagen oder Prüfungsergebnissen. Steigen jedoch die Kosten kontinuierlich, liegt der Fokus der Auseinandersetzungen meist auf dem Inhalt der Bauvorlagen (Kosten, Qualitäten, Planungen usw.).

„Konflikte zwischen der Behörde und dem politischen Entscheidungsorgan" werden in dieser Studie nicht betrachtet, da sie „innerhalb der demokratisch und verfassungsmäßig vorgesehenen jeweiligen Prozesse der politischen Auseinandersetzung bearbeitet"[100] werden. Für alternative Verfahren zur Streitregelung, wie die Mediation, ist da in der Praxis wenig Raum.

2. Konfliktregelung in und zwischen Behörden

Auseinandersetzungen werden häufig so lange als möglich geleugnet, „eskalierende Konflikte allzu oft intuitiv und unkoordiniert geregelt"[101]. Ein koordiniertes Konfliktmanagement innerbehördlich oder auch untereinander wird meist nicht betrieben.[102] Ein geregeltes Konfliktmanagementsystem gibt es in der bayerischen Bauverwaltung nicht. Bei der Bundeswehr[103] ist ein solches meines Wissens auch nicht eingeführt. In der Zusammenarbeit der Bundesministerien ist geregelt, dass gemeinsame Entscheidungen im Einvernehmen getroffen werden müssen. Solange jenes nicht besteht dürfen keine allgemein gültigen Regelungen getroffen werden.[104] Die Dachvereinbarung, die zwischen BMVg, BMF und BImA geschlossen wurde schreibt diesen Behörden eine vertrauensvolle Zusammenarbeit vor. Kontroversen über die keine Einigung erzielt werden kann oder die von grundsätzlichem

---

[100] Kursnr. 71080/2 (Stand 2014): *Kostka/Röchling/Schmidt* Innerbehördliche Mediation, S. 8.
[101] Ebenda, S. 5.
[102] Ebenda, S. 5.
[103] Aus Gesprächen mit 4 Kunden aus dem BAIUDBw und dem BMVg, Abteilung IUD.
[104] § 19 Absatz 2 GGO.

Belang sind, sollen übergeordnet über die Obersten Bundesbehörden und Ministerien geklärt werden. Wird auch dort keine Einigung erzielt, ist ein Schiedsgericht einzuschalten.[105] Ähnliche Regelungen enthalten die Abkommen zur Organleihe zwischen Bund und Ländern.[106] Die Pflicht bedingt nicht sogleich die erfolgreiche Umsetzung, jedoch muss die Bereitschaft zur vertrauensvollen Zusammenarbeit und damit auch für konsensorientierte, alternative Streitbeilegungsverfahren vorhanden sein. Viele Auseinandersetzungen werden vor allem zwischen Behörden oft erst unter hohem Druck meist „von oben" durch Entscheidung (Macht) beendet.

Bei interpersonellen oder intergruppalen Konflikten wird im Allgemeinen versucht die fachliche Komponente getrennt von der persönlichen Seite des Streitthemas zu bearbeiten. Sachthemen werden meist in einer großen Runde geklärt oder zumindest ausdiskutiert, persönliche Konfliktthemen hingegen maximal im Kreise der Betroffenen mit dem Vorgesetzten oder von diesen *unter vier Augen* bearbeitet.[107] Manchmal wird lange versucht die persönlichen Aspekte gar nicht zu betrachten, vielleicht in der Hoffnung, dass sich der Konflikt nach Beilegung der fachlichen Unstimmigkeiten in Gänze löst. Doch die beiden Aspekte *Sachebene* und *Beziehungsebene* lassen sich nicht voneinander trennen, „der jeweils vernachlässigte meldet sich später hartnäckig wieder".[108] Der Einsatz von Mediation bietet sich in diesem Bereich innerhalb der Behörde besonders an.[109] Gleiches gilt grundsätzlich auch für Konflikte zwischen Behörden. In diesem Fall entspricht die Rolle der vorgesetzten Behörde, der Rolle der Führungskraft in einer Behörde und die nachgeordnete Behörde, der des Mitarbeiters.

3. Die Öffentlichkeit bei Bundeswehrbaumaßnahmen

Bauvorhaben des Bundes werden aus dem Bundeshaushalt, also mit Steuergeldern finanziert. Somit hat auch die Öffentlichkeit grundsätzlich ein Interesse an diesen Vorhaben. Weitere Gründe des öffentlichen Interesses resultieren – wie auch bei vergleichbaren, Bau- und Planungsvorhaben – aus umweltpolitischen Gründen[110] oder infolge befürchteter Emissionen z.B. durch Lärm.[111] Baumaßnahmen für die Bundeswehr sind jedoch insbesondere aufgrund der Tatsache, dass ihre Anlagen nicht für die Öffentlichkeit zugängig sind, für

---

[105] § 26 Dachvereinbarung BMVg-BMF-BImA (2009). Die Dachvereinbarung regelt die Umsetzung des Gesetzes über die Bundesanstalt für Immobilienaufgaben (BImAG) im Geschäftsbereich des BMVg (Bundesministerium der Verteidigung).
[106] Vgl. Nummer 3.1 Anhang 7 RBBau (Gemeinsame Grundsätze 2008).
[107] Kursnr. 71080/2 (Stand 2014) *Kostka/Röchling/Schmidt* Innerbehördliche Mediation, S. 9.
[108] Ebenda, S. 9.
[109] Ebenda, S. 9.
[110] Kursnr. 71079/1 (Stand 2011): *Kessen/Troja/Zilleßen/Hehn/Runkel-Hehn,* Mediation im öffentlichen Bereich Teil 1, S. 8f.
[111] Ein Beispiel hierfür ist die Bürgerinitiative „Etz langt's" aus Rügland bei Ansbach, die sich gegen den militärischen Lärm der US-Hubschrauber in ihrer Region engagieren. (siehe URL: http://www.etz-langts.de, zuletzt aufgerufen am 24.08.2015).

den normalen Bürger im Allgemeinen intransparent. Für Vorhaben, „die der Landesverteidigung [...] dienen, ist nur die Zustimmung der höheren Verwaltungsbehörde erforderlich."[112] Zuvor wird die Gemeinde beteiligt.[113] Erst wenn diese widerspricht wird der Antrag auf Zustimmung bei der höheren Verwaltungsbehörde (in Bayern sind dies die Regierungen) eingereicht. Verweigert diese ihre Zustimmung, wird die Angelegenheit sogleich auf Ministerialebene (Bund und Land) geregelt.[114] Eine Öffentlichkeitsbeteiligung erfolgt nicht. Auch in anderen Gesetzen finden sich Ausnahmeregelungen: Im Bundesnaturschutzgesetz (BNatSchG) ist die Funktionssicherung für Flächen die der Verteidigung dienen unter § 4 Nummer 1 BNatSchG geregelt. Im Zusammenhang mit der Verteidigung sind weitere Ausnahmen in den §§ 34 und 45 geregelt.

In Verbindung mit Genehmigungsverfahren im Bereich Bundeswehrbauten ist für Mediation kein Raum. Wenngleich die Öffentlichkeit grundsätzlich ein Interesse an einer Beteiligung hat, kann weder die Ergebnisoffenheit noch die Vertraulichkeit oder Transparenz des Verfahrens gewährleistet werden. Es ist weiterhin davon auszugehen, dass die Bundeswehr sich an einem solchen Verfahren vermutlich nicht freiwillig beteiligen würde.

III. Zusammenfassung

In der Projektentwicklung von Bundeswehrbaumaßnahmen gibt es keine geregelten Konfliktlösungsverfahren. Das Konfliktmanagement erfolgt im Zuge des Projektmanagements. Gerichtsprozesse werden bei Streitigkeiten innerhalb und zwischen Behörden in der Regel keine geführt. Es wird eine vertrauensvolle Zusammenarbeit vorausgesetzt, in der *Dachvereinbarung BMVg - BMF – BImA (2009)* und aus dem Prinzip der Organleihe zwischen dem Bund und den Ländern[115] sogar explizit gefordert. Die Regelung von Auseinandersetzungen erfolgt in der Praxis meist reaktiv. Über eine lange Zeit hin werden Konflikte negiert. Erst spät mit erhöhtem Eskalationsgrad werden sie häufig wenig strukturiert, oft intuitiv bearbeitet. Nicht selten erfolgt die Beilegung eines Konfliktes durch eine Entscheidung in der nächsthöheren Instanz.

Die Vorhaben sind komplex und vernetzt. Sie sind geprägt von einer Vielzahl an Beteiligten, vielen gegenläufigen Interessen, hohem Termin- und Kostendruck sowie Kommunikationsstörungen. Gleichzeitig herrscht in den Behörden ein stetiger Mangel an Kapazitäten und finanziellen Mitteln. Das Projektmanagement und die Hauptverantwortlichkeit gehen im Laufe

---

[112] § 37 Absatz 2 Satz 1 BauGB.
[113] Kenntnisgabeverfahren nach Art. 73 BayBO.
[114] § 37 Absatz 2 Satz 3 BauGB in Verbindung mit Artikel 73 Absatz 4 BayBO.
[115] Nummer 3.1 Anhang 7 RBBau.

des Prozesses von der Bundeswehr über zur Bauverwaltung[116], die in der Regel die Anlagen und Gebäude noch lange Zeit, auch nach Beginn der Nutzung im Bauunterhalt betreuen.

Kosten und Qualitäten lassen sich in den frühen Planungsphasen am meisten beeinflussen. Doch auch die Unsicherheiten sind zu Beginn eines Projektes deutlich höher als zum Ende hin. Baumaßnahmen sind geprägt von einer Vielzahl an Unwägbarkeiten.[117] Diese Spannungen auszuhalten ist nicht leicht. Setzt man sich damit auseinander, ist viel Raum für Konflikte geboten. Aus Angst vor Unruhe werden Konflikte oft gescheut. In der Ausführung spätestens brechen sie jedoch deutlich dominanter und zudem in einer besonders hektischen Phase wieder hervor.[118] Die Folgen sind zum Beispiel kurzfristige Ausführungsänderungen (vor Ort in der Bauphase), infolge ständiger Optimierungen hinsichtlich Kosten, Terminen und Qualitäten. Die Ursachen, die letztlich Grund für diese Änderungen und der damit meist verbundenen Kostensteigerungen sind, lassen sich in der Regel nicht eindeutig identifizieren.[119] Zu diesem Zeitpunkt ist dann vor allem die Bauverwaltung mit den von ihr beauftragten Firmen und Büros gefordert. Sie schließt die Verträge und übernimmt die Bauherrnvertretung. Die Regelung von Streitigkeiten liegt in ihrem Verantwortungsbereich. Eine frühzeitige und direkte Bearbeitung solcher Dilemmata sollte demnach insbesondere im Interesse der Bauverwaltung liegen. Aber auch die Bundeswehr profitiert von der steigenden Wahrscheinlichkeit die vorab definierten Ziele zu erreichen.

IV. Schlussfolgerung

Laut Oppler lassen sich Konflikte am Bau „überhaupt nicht vermeiden, auch nicht bei optimaler Planung und sorgfältigster Vorbereitung."[120] Als eine der Konfliktursachen am Bau identifiziert er aber auch die, in der deutschen Baukultur häufig auftretenden, späten Ausführungsänderungen.[121] Mithilfe einer sorgfältigen, intensiven und ausführlich abgestimmten Planung im Vorfeld lassen sich Änderung auf der Baustelle reduzieren. Konflikte am Bau werden hierdurch nicht gänzlich vermieden; jedoch können zumindest manche Ursachen für spätere Auseinandersetzungen bereits im Vorfeld ausgeräumt werden.[122] In einer eigenverantwortlichen, einvernehmlichen Beilegung von Unstimmigkeiten werden zugleich die Zusammenarbeit und die Konfliktkompetenzen gestärkt. Spätere Zerwürfnisse, Probleme sowie andere Streitigkeiten können zielgerichteter und leichter bearbeitet werden.

---

[116] Nummer 2.1 Abschnitt K2 RBBau.
[117] Ausschreibungszeit, Witterung, Boden, Wasser, etc., vgl. Kursnr. 71076 (Stand 2006): *Oppler,* Mediation im Baurecht, S. 22.
[118] *Ahrens/Bastian/Muchowski*, Handbuch Projektsteuerung – Baumanagement, 2014, S. 443.
[119] Z.B.: Kursnr. 71076 (Stand 2006): *Oppler,* Mediation im Baurecht, S. 22 und auch *Ahrens/Bastian/Muchowski*, Handbuch Projektsteuerung – Baumanagement, 2014, S. 85 und 143.
[120] Kursnr. 71076 (Stand 2006): *Oppler,* Mediation im Baurecht, S. 22.
[121] Ebenda, S 22f.
[122] *Ahrens/Bastian/Muchowski*, Handbuch Projektsteuerung – Baumanagement, 2014, S. 345.

Die Vermutung liegt vielleicht nahe, dass im Rahmen solcher Bauprojekte kein Raum ist für konsensorientierte Methoden der Konfliktlösung, wie die Mediation: Die Prozesse sind geprägt von Machtgefällen und strengen hierarchischen Ordnungen. Die Verfahrensabläufe[123] sind in den RBBau und ergänzenden Erlässen genau geregelt. Der Einsatz von Methoden des Projektmanagements ist selbstverständlich.[124] Doch die Tatsache, dass mit einem effizienten Projektmanagement Konfliktpotentiale frühzeitig erkannt werden können,[125] bedingt noch lange nicht, dass die Bearbeitung dieser Konflikte ebenso erfolgreich funktioniert.

Mediation sowie ein integriertes Konfliktmanagementsystem kann meiner Meinung nach einen Mehrwert für alle am Projekt Beteiligten darstellen. Mithilfe von Mediation und Verfahren mit mediativen Elementen können die Kommunikations- sowie Konfliktkompetenzen der Bau-/Planungsbeteiligten verbessert werden. Die Eigenverantwortlichkeit der Teammitglieder und zugleich das Wissen und die Fähigkeiten insbesondere zur Handhabung von Konflikten werden gestärkt. Das Team selbst profitiert außerdem von einem verbesserten Zusammengehörigkeitsgefühl, das sich positiv auf den Prozess auswirkt: Ein gut funktionierendes Team, das seine Energie ganz dem gemeinsamen Vorhaben widmet ist robust und flexibel bei der Bearbeitung der Aufgabe.[126] Somit profitiert auch das Projekt hiervon, da es in Kooperation zielgerichtet und zügig realisiert werden kann und die Projektbeteiligten wieder mehr Kapazitäten für ihre eigentlichen Aufgaben gewinnen.[127] Bis zur Entwurfsunterlage – Bau (EW-Bau) arbeiten noch alle maßgeblich an der Gestaltung und Präzisierung des Vorhabens beteiligten Institutionen eng beisammen. Diese Phase ist die beste Gelegenheit ein gut funktionierendes Team zu formen.

Eine Konfliktkostenstudie (KPMG 2009) hat gezeigt, dass Führungskräfte 30 bis 50 Prozent ihrer Wochenarbeitszeit und insgesamt in Unternehmen 10 bis 15 Prozent der Arbeitszeit mit der Lösung von Konflikten verbracht werden. Des Weiteren könnten laut Studie diese Konfliktkosten grundsätzlich um mindestens 25 Prozent im Jahr verringert werden.[128] „Ungelöste Konflikte und mangelhaftes Konfliktmanagement sind oft direkt verantwortlich für ein schlechtes Betriebsklima und für Unzufriedenheit im Beruf."[129] Verlust sowohl an Leistungsfähigkeit als auch an Wissen im Betrieb kann die Folge solcher Störungen sein.[130] In den Behörden wird bereits mit „immer knapper werdenden finanziellen und personellen Ressourcen"[131] gekämpft. Die frühzeitige, produktive und möglichst nachhaltige Bearbeitung

---

[123] Entscheidungswege, Kontrollverfahren und Informationsbedarfe, Ebenda, S. 85.
[124] Abschnitt K2 RBBau.
[125] *Ahrens/Bastian/Muchowski*, Handbuch Projektsteuerung – Baumanagement, 2014, S. 79.
[126] Ebenda, S. 450.
[127] Ebenda, S. 390.
[128] *KPMG*, Konfliktkostenstudie, 2009, S. 20 und *Herstein Management Report*, 2002 zitiert aus: Kursnr. 71080/2 (2014) *Kostka/Röchling/Schmidt* Innerbehördliche Mediation, S. 6.
[129] Kursnr. 71080/2 (Stand 2014) *Kostka/Röchling/Schmidt* Innerbehördliche Mediation, S. 7.
[130] Ebenda, S. 7.
[131] Ebenda, S. 5.

von Konflikten schafft demnach Kapazitäten in den Behörden. „Auch wenn Behörden keine bilanzpflichtigen Unternehmen sind, so sollte es doch allen Beteiligten klar sein, dass die Mitarbeiterinnen und Mitarbeiter, ihr Engagement, ihr Wissen und Zusammenhalt das größte Kapital sind."[132]

Das Prinzip der Organleihe ist die Grundlage für die Leitung und Erledigung der Bundesbauangelegenheiten durch die Bauverwaltungen der Länder.[133] Die Bundeswehr ist Kunde der Bayerischen Bauverwaltung, geregelt durch ein Verwaltungsabkommen. Im Gegenseitigen Einvernehmen kann dieses jedoch aufgehoben werden. Streng genommen kann somit auch die Bauverwaltung ihren Kunden verlieren, sofern dieser mit ihren Leistungen nicht zufrieden ist. Die Bundesagentur für Arbeit (BA) war bis zum Jahre 2000 ebenfalls ihr Kunde. Seit Beginn des Jahres 2001 aber wird die Steuerung ihrer Baumaßnahmen bundesweit von einer 100%igen Tochtergesellschaft der BA übernommen. Bis zu diesem Zeitpunkt wurden auch diese Bauangelegenheiten von den Bauverwaltungen der Länder bewältigt. Dies zeigt, dass es durchaus auch für die Bauverwaltung im Bereich des Möglichen ist Kunden und somit Aufträge zu verlieren.[134]

Nach den Erfahrungen der letzten Jahre werden Planungen für die Bundeswehr oft unter hohem Zeitdruck erstellt. Meist aus politischen Gründen werden Fertigstellungstermine gefordert, die oft nur mit kurzen Planungs- und Prüfungszeiten einzuhalten sind. Hierunter leidet häufig die Qualität der Bauunterlage. Wichtige, relevante Punkte werden übersehen, vielleicht aus Zeitmangel oder auch aus Unwillen, meist unbewusst, nicht ausreichend gelöst. Spätestens in der Bauausführung tauchen solche Probleme unter Hektik und mit wenig Lösungsspielraum wieder auf.[135] Der Konfliktgrad ist zu diesem Zeitpunkt deutlich höher als noch in der Planungsphase. Hinzu kommt, dass die Ingenieurbüros anfangs nur für die ersten beiden Leistungsphasen (1 und 2) der HOAI (Grundlagenermittlung und Vorplanung) beauftragt sind. Die erhöhte Planungs- und Kostentiefe ist somit nicht im vertraglich geschuldeten Leistungsumfang enthalten. Eine Grundlage zur Honorierung besteht demnach zunächst nicht.[136] Konflikte mit dem Planungsbüro sind nahezu vorprogrammiert, nicht nur im Falle, dass die Maßnahme z.B. aus politischen Gründen nicht weiter verfolgt wird. Wie lässt sich also die dargestellte Divergenz der erwünschten Planungs- und Kostensicherheit in dieser intransparenten, unwägbaren und terminlich engen Situation in Einklang bringen? Ist es möglich solchen Situationen vorbeugend, bspw. mit einem integrierten Konfliktmanage-

---

[132] Ebenda, S. 7.
[133] Anhang 4 (Auszug aus dem Finanzverwaltungsgesetz) und Punkt 3, Anhang 7 RBBau.
[134] Nachvollziehbar anhand dem Verlauf der RBBau (Altfassungen): Abschnitt L2 RBBau Ausgabe 1970 bis 16. Austauschlieferung und URL: http://www.bi-management.de/ (zuletzt aufgerufen am 28.08.2015).
[135] *Ahrens/Bastian/Muchowski*, Handbuch Projektsteuerung – Baumanagement, 2014, S. 443.
[136] Ebenda, S. 338 und Vertragsmuster (ES-Bau) VM 1, Teil 3 RBBau.

mentsystem, konstruktiv zu begegnen? Könnte damit zugleich das Konfliktpotential nachfol-
gender Planungs- und Bauphasen reduziert werden?[137]

Der Ansatz zur Reduzierung der Konfliktkosten in Unternehmen[138] wird in der Studie von
KPMG in „den drei Konfliktkostendimensionen ‚Person‘, ‚Team‘ und ‚Organisation‘"[139]
gesehen. Sind die vorhandenen Festlegungen zu Organisation, Aufbau und Verfahrenswei-
sen ausreichend? Auch der Konfliktregelung solch komplexer Bauvorhaben sollte, denke ich,
mehr Beachtung geschenkt werden. In den RBBau findet man diesbezüglich wenig. Konfliktmanagement ausschließlich als eine Grundleistung des Projektmanagements zu sehen[140]
empfinde ich als kritisch. Die Projektleiter in den Behörden sind oft mehr als ausgelastet. Im
strukturierten Umgang mit Konflikten sind sie dagegen in der Regel wenig geschult. Die
Einschaltung eines neutralen Dritten wird im Praxishandbuch Projektmanagement bei einer
Streiteskalation empfohlen, die geprägt ist durch einen „allgemeinen Lähmungszustand". Die
Autoren empfehlen in diesem Fall einen neutralen Moderator hinzu zu ziehen.[141] Das Wort
Mediation fällt in diesem Buch nicht. Im Handbuch Projektsteuerung – Baumanagement[142]
wird der Mediation etwa eine halbe Seite gewidmet, sowie eine halbe Seite für ADR-
Verfahren.[143] Die Autoren sprechen sich jedoch „Aufgrund des Streitpotentials, besonders
bei komplexen Bauprojekten mit hohem Termin- und Kostendruck" für eine „planungsbegleitende Mediation" aus.[144]

---

[137] Für die Streitbeilegung bei der Vergabe von öffentlichen Bau- und Planungsaufträgen gibt es zweckmäßige
Verfahrensabläufe anhand gesetzlicher Regelungen. Konflikte in der Bauabwicklung können auf Antrag gemäß § 18 Nr. 2 VOB/B bei der vorgesetzten Dienststelle (Landesbaudirektion) möglicherweise beigelegt
werden. Gelingt dies nicht wird oft der Weg zu einem meist langwierigen und kostspieligen Gerichtsprozess
bestritten. Nähere Informationen zu diesem Themenfeld finden sich in der Masterarbeit von Frau Keller an der
FernUniversität Hagen (2007). Sie beschäftigt sich mit der Untersuchung zur Implementierung der Mediation
insbesondere in diesem Bereich.
[138] Zur zulässigen Vergleichbarkeit aufgrund der Ähnlichkeit von innbetrieblichen und innerbehördlichen
Konflikten, siehe: Kursnr. 71080/2 (2014) *Kostka/Röchling/Schmidt* Innerbehördliche Mediation, S. 6.
[139] „Circle of Conflict": *KPMG*, Konfliktkostenstudie, 2009, S. 21 i. V. m. S. 7.
[140] Abschnitt K2 RBBau, *Ahrens/Bastian/Muchowski*, Handbuch Projektsteuerung – Baumanagement, 2014, S. 91
und *Drews/Hillebrand/Kärner/Peipe/Rohrschneider*, Praxishandbuch Projektmanagement, 2014, S. 98 - 100.
[141] *Drews/Hillebrand/Kärner/Peipe/Rohrschneider*, Praxishandbuch Projektmanagement, 2014, S. 104.
[142] *Ahrens/Bastian/Muchowski*, Handbuch Projektsteuerung – Baumanagement, 2014.
[143] Ebenda, S. 384f: „Alternative Dispute Resolution" (Alternative Konfliktlösungsverfahren).
[144] Ebenda, S. 385.

C. Grundlagen der Mediation

I. Ursprünge der Mediation

Mediation lässt sich aus dem griechischen Begriff „mesos" = „vermittelnd, unparteiisch, neutral, keiner Partei angehörend"[145] sowie dem lateinischen „medius" = „zwischen zwei Ansichten oder Parteien die Mitte haltend, einen Mittelweg einschlagend, sich neutral, unparteiisch verhaltend"[146] ableiten. Das englische Wort „Mediation" und auch das französische „médiation" können als „Vermittlung" ins Deutsche übersetzt werden.

Der Vermittlungsgedanke lässt sich bis in die Antike, „in den alten Kulturen Ägyptens und des Ostens"[147] zurück verfolgen. Im alten Griechenland war Solon völkerrechtlich vermittelnd tätig,[148] im Mittelalter die Geistlichen[149]. In der Präambel zum Westfälischen Frieden vom 24. Oktober 1648 wird der aus Venedig stammende Gesandte ausdrücklich als Mediator bezeichnet. Er hat einen großen Anteil an dem Erfolg des Friedensschlusses zu Münster, der das Ende des 30jährigen Krieges besiegelte. [150]

Im europäischen Raum lässt sich der Vermittlungsgedanke vor allem in der Zeit „vom Zerfall des (West)Römischen Reiches bis zum Aufkommen der europäischen Nationalstaaten im 16. Jahrhundert"[151] belegen. Grundlage des Rechts war zu dieser Epoche die Verhandlung. Daran schließt sich eine Zeit der Verrechtlichung an, des Antragsdenkens und des Kampfes vor Gericht.[152] Bis ins 20. Jahrhundert hinein galt das „Recht als Grundlage jeder Verhandlung"[153]. Die Vermittlung verlor an Bedeutung. Stattdessen entwickelte sich das Positionsdenken, „Der ,Kampf ums Recht'"[154]. Die Beilegung von Konflikten wurde fortan an Gerichte delegiert.

Konfliktfälle sind aber meist differenzierter, eine eindeutige Beurteilung in Recht und Unrecht ist in vielen Fällen nicht möglich. Hinzu kommt, dass die Positionskämpfe und „Nullsummenspiele"[155] vor Gericht mit dem Bruch der Beziehungen einhergehen. Es war nicht zuletzt der Wunsch der Bürger nach Autonomie und Beteiligung in Umweltkonflikten, dass in den USA

---

[145] Kursnr. 71085 (Stand 2009), *Duss-von-Werdt,* Mediation in Europa, 2009, S. 10.
[146] Ebenda, S. 12.
[147] *Haft,* Verhandlung und Mediation in *Haft/v. Schlieffen* Handbuch Mediation, 2009, § 2 Rdnr. 10.
[148] Ebenda, § 2 Rdnr. 10 und auch Kursnr. 71084, *Hehn, Markus,* Ursprünge der Mediation sowie Entwicklung und Stand der Mediation in Deutschland, 2013, S. 12.
[149] *Haft,* Verhandlung und Mediation in *Haft/v. Schlieffen* Handbuch Mediation, 2009, § 2 Rdnr. 10.
[150] Ebenda und in diversen anderen Quellen, ausführlich in Kursnr. 71085 (Stand 2009), *Duss-von-Werdt,* Mediation in Europa, 2009, S. 43ff.
[151] Kursnr. 71084, *Hehn, Markus,* Ursprünge der Mediation sowie Entwicklung und Stand der Mediation in Deutschland, 2013, S. 11.
[152] *Haft,* Verhandlung und Mediation in *Haft/v. Schlieffen* Handbuch Mediation, 2009, § 2 Rdnr. 23.
[153] *Duss-von Werdt,* Die letzten 2500 Jahre der Mediation, S. 123 unter Hinweis auf *Rousseux,* Droit négocié, Droit imposé?, Reclam, 1983, S. 30 zitiert aus Kursnr. 71084, *Hehn, Markus,* Ursprünge der Mediation sowie Entwicklung und Stand der Mediation in Deutschland, 2013, S. 11.
[154] *Haft,* Verhandlung und Mediation in *Haft/v. Schlieffen* Handbuch Mediation, 2009, § 2 Rdnr. 23-29.
[155] Ebenda, § 2 Rdnr. 29.

in den 70er Jahren alternative Konfliktregelungsverfahren („ADR-Verfahren") entwickelt und wieder entdeckt wurden. Hierunter findet sich auch die Mediation wieder. [156]

Ende der 80er Jahre gelangte diese Bewegung nach Deutschland. Die Mediation in der heute gelehrten Form hat in Deutschland inzwischen ein breites Anwendungsfeld erobert.[157] Zunächst war es die Aussicht, unsere Gerichte zu entlasten, die insbesondere den Bereich der Justiz dazu veranlasste viele Modellprojekte durchzuführen.[158] „Täter-Opfer-Ausgleich, Familien- und Schulmediation",[159] aber auch Felder wie Mediation im öffentlichen Bereich sowie in der Wirtschafts- und Arbeitswelt werden hierzulande immer bedeutsamer".[160] Ein neuer Bereich ist die Integration von Mediation z.B. in Organisationen und in ihre bestehenden Verfahren.[161] Einige deutsche Wirtschaftsunternehmen schlossen sich 2008 zum „Round Table Mediation und Konfliktmanagement der Deutschen Wirtschaft (RTMKM)"[162] zusammen. Ihr Ziel ist es die Konfliktmanagementstrukturen in der Wirtschaft zu verbessern und voran zu treiben. Eine auf zehn Jahre (2005-2015) angelegte Studie der Europa-Universität Viadrana (EUV) in Zusammenarbeit mit der PriceWaterhouseCoopers AG (PwC) begleitet den RTMKM wissenschaftlich. Gegenstand der Studien ist es, die notwendigen Elemente und Rahmenbedingungen zu erkennen, um Konfliktmanagement in einem Unternehmen erfolgreich zu etablieren. Bislang sind vier von fünf Studien veröffentlicht. Die fünfte und letzte Studie soll noch in diesem Jahr veröffentlicht werden.[163]

Seit Juli 2012 ist die Mediation in Deutschland gesetzlich verankert. In neun Paragraphen schreibt das Mediationsgesetz unter anderem die Kriterien „Vertraulichkeit", „Freiwilligkeit", „Eigenverantwortlichkeit", „Neutralität"[164] und „Allparteilichkeit"[165] fest. Auch über die erforderlichen Kompetenzen eines Mediators[166] sowie über die finanzielle Förderung von Mediation[167] sind im Gesetz Festlegungen getroffen worden.

---

[156] Kursnr. 71084, *Hehn, Markus*, Ursprünge der Mediation sowie Entwicklung und Stand der Mediation in Deutschland, 2013, S. 23f.
[157] Ebenda, S. 30ff.
[158] Bsp.: Einsatz div. Richter als Mediatoren in Niedersachsen und Berlin, Ebenda, S. 33f.
[159] Ebenda, S. 31.
[160] Ebenda, S. 31.
[161] Ebenda, S. 31 und *Trossen*, Integrierte Mediationin *Haft/v. Schlieffen* Handbuch Mediation, 2009, § 40.
[162] Kursnr. 71080/2 (Stand 2014) *Kostka/Röchling/Schmidt* Innerbehördliche Mediation, S. 6.
[163] Thema der vierten Studie ist das „Konfliktmanagement als Instrument werteorientierter Unternehmensführung", 2013. Abrufbar unter: www.pwc.de/konfliktmanagement. Nähere Erläuterungen hierzu im Exkurs in Kapitel D VI ab Seite 65.
[164] § 1 Mediationsgesetz (MediationsG).
[165] § 2 Absatz 3 MediationsG: „Der Mediator ist allen Parteien gleichermaßen verpflichtet.".
[166] §§ 5-6 MediantionsG.
[167] § 7 MediationsG.

II. Merkmale der Mediation

Mediation ist eine, von einem neutralen Dritten unterstützte Verhandlung. Im besten Fall legen die Parteien ihren Konflikt gleich selbst bei, indem sie von ihren Interessen geleitet miteinander verhandeln.[168] Sind die Positionen jedoch verhärtet müssen sie ihren Streit nicht zwingend aus der Hand geben, wie an einen Richter, Schiedsrichter oder Schlichter. Ein Mediator[169] als neutraler Dritter kann sie dabei unterstützen, dass sie weiterhin eigenverantwortlich und als Experten für ihren Konflikt, diesen nach wie vor selbst aushandeln und beilegen. Von ihren Interessen und Bedürfnissen geleitet wird es den Parteien so ermöglicht, jeweils den maximalen Gewinn zu erlangen („Win-Win-Verhandlung"[170]).

Der Mediator ist somit ihr Dienstleister und Helfer.[171] Er ist verantwortlich für das Verfahren und allen Parteien gleichermaßen verpflichtet. Die Parteien hingegen sind verantwortlich für die Lösung. Der Mediator unterstützt sie wo und inwieweit es nötig ist. Seine Rolle kann sich auf den Vorsitz oder die Leitung des Verfahrens beschränken. In manchen Fällen ist es aber notwendig, dass er eine dämpfende Funktion übernimmt, wenn zum Beispiel die Diskussionen emotionsbeladen oder die Gemüter überhitzt sind. Der Ausgleich eines Machtgefälles kann ebenso seine Aufgabe werden, wie als Sprecher auf geltende Normen oder Regeln aufmerksam zu machen, um „die Informations- und damit Argumentationsbasis der Parteien [zu] erweitern"[172]. Weitere Rollen des Mediators können sein: als Gutachter die Alltagstauglichkeit von Lösungen zu überprüfen; als Bote Informationen, nach zuvor einvernehmlich festgelegten Regeln zwischen den Parteien zu transportieren; oder aber auch selbst aktiv Entscheidungsvorschläge zu unterbreiten bspw. als „bausachkundiger Mediator" in Baumediationen, wenn die Verhandlungen festgefahren sind. Wichtig dabei ist, dass er stets nur „als Dienstleister der Parteien auftritt"[173], nicht mehr und nicht weniger. Im Folgenden sollen die definierten Merkmale der Mediation den Unterschied dieses Verfahrens zu den herkömmlichen Streitbeilegungsverfahren verdeutlichen.

Vertraulichkeit: Alle Beteiligten des Verfahrens sind zur Verschwiegenheit per Gesetz verpflichtet. Ausnahmen betreffen z.B. offenkundige Tatsachen, einvernehmliche Festlegungen in der Mediation sowie Gründe des ordre public.[174] Es ist insbesondere zu gewährleisten, dass in einer Mediation offenbarte Informationen nicht im Nachgang gegen die Partei verwendet werden. Dies ist schriftlich bzw. vertraglich festzuhalten und von allen Parteien zu unterschreiben.

---

[168] *Haft*, Verhandlung und Mediation in *Haft/v. Schlieffen* Handbuch Mediation, 2009, § 2 Rdnr. 16.
[169] Für eine bessere Lesbarkeit verwende ich in der Arbeit die männliche Form. Die Damen sind natürlich stets in gleicher Form und Weise gemeint und angesprochen.
[170] *Haft*, Verhandlung und Mediation in *Haft/v. Schlieffen* Handbuch Mediation, 2009, § 2 Rdnr. 16.
[171] Ebenda, § 2 Rdnr. 37.
[172] Ebenda, § 2 Rdnr. 37.
[173] Ebenda, § 2 Rdnr. 37.
[174] § 4 MediationsG.

Freiwilligkeit: Die Teilnahme am Verfahren ist für alle Beteiligten freiwillig. Sie kann jederzeit auf eigenen Wunsch beendet werden. Auch wenn eine Mediation vom Vorgesetzten oder über eine Vertragsklausel angeordnet werden könnte, hat der Mediator dafür Sorge zu tragen, die Medianten hierüber zu informieren. Er muss sich weiter vergewissern, dass die Parteien aus freiem Willen dabei bleiben und dass ein vorzeitiges Beenden durch eine Partei keine Sanktionen oder dergleichen zur Folge hat. Es empfiehlt sich dies ebenfalls vorab schriftlich zu vereinbaren.

Eigenverantwortlichkeit: Die Parteien kennen ihren eigenen Konflikt am besten. Es liegt in ihren Händen diesen selbstbestimmt beizulegen. Sie bestimmen gemeinsam die Inhalte, Verfahrensregeln und die Lösung(en). Der Mediator unterstützt sie in einem strukturierten Prozess lediglich darin, eine tragfähige sowie möglichst nachhaltige Lösung zu erarbeiten.

Einvernehmliche Konfliktbeilegung: Gegenstand einer Mediation ist die interessengeleitete Verhandlung zwischen den betroffenen Streitparteien, im Bestreben den Konflikt nachhaltig beizulegen. Die Anwesenheit aller Beteiligten ist daher grundsätzlich notwendig, jedoch insbesondere bei Mediationen im öffentlichen Bereich nicht immer machbar. Die direkt betroffenen Parteien sollten in jedem Fall zugegen sein. In Fällen, da Parteien fehlen ist eine Einzelfallbewertung zum weiteren Vorgehen nötig.

Neutralität und Allparteilichkeit: Der Mediator ist unabhängig und neutral. Er besitzt keinerlei Entscheidungs- oder Weisungsbefugnis. Die Medianten müssen sich alle mit ihm als Leiter des Verfahrens einverstanden erklären. Er ist allen Parteien in gleichem Maße verpflichtet und ergreift zu keiner Seite Partei. Stattdessen bemüht er sich um Verständnis der jeweiligen Sichtweisen und um die Klärung des Konfliktes. Sachverhalte, die seine Neutralität gefährden könnten sind von ihm persönlich kund zu tun. Die Medianten entscheiden, jeder für sich, ob sie ihm weiter vertrauen und ob sie mit ihm weiter arbeiten möchten.

Informiertheit und Transparenz des Verfahrens: Um die Lösung des vorliegenden Konflikts zu ermöglichen ist es notwendig alle hierfür relevanten Informationen offen zu legen. Nur so kann eine differenzierte Betrachtung des Sachverhalts sowie die Erweiterung der Sichtweisen aller Parteien für eine sinnvolle (und nachhaltige) Lösung erreicht werden. In diesem Zusammenhang sei nochmal auf die Vertraulichkeit des Verfahrens hingewiesen (siehe oben). Die Parteien sollten auch ihre Rechte und Möglichkeiten kennen und sich entsprechend beraten lassen. Die Beratung erfolgt nicht durch den Mediator. Dieser erklärt den Parteien das Verfahren, die Grundlagen und stellt den Medianten alle erforderlichen Informationen zur Verfügung, damit sie Mediation verstehen.

Ergebnisoffenheit: Nur wenn ein gewisser Spielraum zur Erweiterung des Streitgegenstands vorhanden ist lassen sich Lösungsoptionen im Interesse aller Beteiligten entwickeln. Die Ergebnisoffenheit im Mediationsverfahren ist demnach unabdingbar. Ist der Konflikt im

Vorfeld bereits entschieden, würde die Mediation in diesem Fall zur Akzeptanzbeschaffung oder z.B. zur Gewinnung von Zeit missbraucht. Die Bedeutung und Umsetzbarkeit von potentiellen Lösungen aus der Mediation müssen (im Vorgriff) mit den Entscheidungsträgern geklärt werden.

III. Ziele und Leitbilder von Mediation

Die Ziele von Mediation können vielfältig sein. Ein wichtiger Aspekt ist die Stärkung der Autonomie der Konfliktparteien. Selbstbestimmt sollen sie versuchen ihren Widerstreit kooperativ und konstruktiv zu lösen und dabei ihre Fähigkeiten im Umgang mit Konflikten verbessern. Mediation bietet den Streitparteien die Chance ihr Wissen und Können zu erweitern. Soziales Lernen ist ebenso ein wesentliches Ziel einer Konfliktregelung, wie es das Erfassen von Organisationsstrukturen und der Abläufe in einem Unternehmenskonflikt sein können. Auch die Steigerung der persönlichen Kommunikationskompetenzen und das Fördern der Eigenverantwortlichkeit sind mögliche Zielvorstellungen. Zwei theoretische Leitbilder liegen der heutigen Mediation zu Grunde: der verhandlungsorientierte Ansatz nach dem Havard-Konzept und der Transformationsansatz.[175]

1. Der Verhandlungsorientierte Ansatz

Der verhandlungsorientierte Ansatz nach dem Havard-Konzept ist eine von Roger Fisher und William Ury Ende der 70er Jahre entwickelte integrative Verhandlungsform.[176] Die Grundlage ihrer Strategie bildet ein faires, ehrliches und sachgerechtes Verhandeln. Diesem verhandlungs- und lösungsorientierten Prozess liegen vier Prinzipien zugrunde: Das Trennen von Sache und Person – „Hart in der Sache, aber sanft zu den Menschen'"[177] –, der Fokus auf Interessen statt Positionen, das Entwickeln vieler Lösungsoptionen mit beiderseitigem Vorteil, sowie die gemeinsame Bewertung und Auswahl der Optionen anhand objektiver, einvernehmlich festgelegter Kriterien. Die Autoren empfehlen außerdem, sich vorbereitend Alternativen für ein eventuelles Scheitern der Verhandlung zu überlegen. Die sogenannte „BATNA (best alternative to a negotiated agreement)"[178] bedingt, dass die Parteien sowohl die eigenen Positionen, als auch die persönlichen Bedürfnisse bedenken.[179]

Der Havard-Ansatz fördert die Kommunikation, einen fairen Prozess, den Erhalt der Beziehung, einen Interessenausgleich und ein Ergebnis mit beiderseitigem Vorteil (Gewinner-

---

[175] *Faller/Faller*, Innerbetriebliche Wirtschaftsmediation, 2014, S. 55ff.
[176] *Fisher/Ury/Patton*, Das Havard-Konzept, 2014. Erstmals erschienen 1981 unter dem Titel „Getting to Yes" (Fisher/Ury).
[177] *Faller/Faller*, Innerbetriebliche Wirtschaftsmediation, 2014, S. 55.
[178] Ebenda, S. 55.
[179] Ebenda, S. 55.

Gewinner-Lösungen). Das Ziel ist eine sachgerechte Konfliktregelung.[180] Mit der Konzentration auf ihre Interessen erweitert sich für die Parteien der Raum für kreative Lösungsansätze.[181]

2. Der Transformationsansatz

Der von Robert Bush und Joseph Folger 1994 entwickelte Ansatz der Transformativen Mediation konzentriert sich insbesondere auf das soziale Lernen der Streitparteien.[182] Dabei werden Rahmen bildende Elemente und vorliegende Zwänge berücksichtigt (persönliche, organisationale Zwänge und aus der Gruppe, wie z.B. ungleiche Machtverteilungen, sowie persönliche Gefühle (Ängste, Sorgen), Einstellungen und Faktoren, wie Ansehen etc.).[183] Die Grundlage dieses Verfahrens bildet die Stärkung und Anerkennung der Beteiligten und ihrer Sichtweisen, sowie die Einsicht ihres Eigenanteils am Konfliktgeschehen („Empowerment" und „Recognition").[184]

Ziel ist, dass die Parteien Veränderungsprozesse bewusst durchlaufen und stabile und dauerhafte Beziehungen entwickeln. Sie werden darin gestärkt, Konflikte selbstbestimmt und eigenverantwortlich zu bewältigen und dabei unterstützt, die jeweils andere Person und deren Position anerkennen zu können, sowie auch den eigenen Anteil am Geschehen zu realisieren und zu akzeptieren. Die Beteiligten werden oft selbstbewusster und lernen sich selbst und auch ihr Gegenüber besser kennen. Des Weiteren werden sie befähigt, andere Sichtweisen nachzuvollziehen, zu respektieren und zu akzeptieren.

3. Anwendung der Leitbilder

Während der Havard-Ansatz die Interessen in den Mittelpunkt stellt, stehen im Transformationsansatz die Personen selbst im Mittelpunkt. Doch „auch ein lösungsorientierter Ansatz kommt nicht ohne die psychologischen Elemente der Wahrnehmens- und Verhaltensänderung aus, während umgekehrt ein transformativer Ansatz seinen letzten Sinn erst darin findet, dass er schließlich (wenn vielleicht auch auf Umwegen) in konkreten Lösungen Früchte trägt."[185] In beiden Verfahren werden sowohl die Sach- als auch die Beziehungsebene für die Konfliktregelung betrachtet. Der Unterschied besteht darin, dass im Havard-Ansatz die Lösung der Sache im Vordergrund steht und sich in diesem Prozess die Beziehung

---

[180] Kursnr. 71084, *Hehn, Markus*, Ursprünge der Mediation sowie Entwicklung und Stand der Mediation in Deutschland, 2013, S. 27.
[181] *Faller/Faller*, Innerbetriebliche Wirtschaftsmediation, 2014, S. 55.
[182] Ebenda, S. 56f.
[183] Kursnr. 71089, *Perschel*, Mediation und Demokratie (Stand 2004), 2013, S. 58f.
[184] *Faller/Faller*, Innerbetriebliche Wirtschaftsmediation, 2014, S. 56f.
[185] Kursnr. 71089, *Perschel*, Mediation und Demokratie (Stand 2004), 2013, S. 60.

idealerweise bessert. Im Transformationsansatz hingegen liegt der Fokus auf den Personen. Die dort angestrebten Vorgänge des sozialen Lernens bewirken Verhaltensänderungen der Medianten im Umgang mit den Konflikten, die im Idealfall in Lösungen der Sachthemen münden.

Für Mediationen im Projektverlauf von Bundeswehrbaumaßnahmen sind beide Ansätze geeignet. Eine sachgerechte Regelung steht meist im Zentrum. Oftmals ist der Sachverhalt jedoch so komplex, dass materielle Lösungen in denen beide (alle) gewinnen nicht möglich sind. Verständnis erreichen für die Sichtweise der Gegenseite ist aber immer möglich und somit auch ein veränderter Umgang miteinander trotz bzw. im Konflikt.[186]

---

[186] Ebenda, S. 60.

D. Planungsbegleitende Mediation

I. Ziele

„Das Bauen ist in besonderem Maße konfliktträchtig."[187] Wie bereits weiter oben beschrieben sind die Problemfelder und Ursachen für Konflikte am Bau vielfältig: Die Atmosphäre ist in der Regel geprägt von gegensätzlichen Positionen, Misstrauen, konfrontativem Verhalten, vielen Unwägbarkeiten und Zielkonflikten bezüglich der Termin-, Kosten- und Qualitätsziele. Nicht selten werden auftretende Probleme zwar soweit betrachtet, wie es der Moment fordert, die Auswirkungen auf die Zukunft jedoch nur unzureichend erörtert.[188] Besonders zu Beginn ist es wichtig die Weichen für das Projekt zu stellen. Der Rahmen, innerhalb dessen das Vorhaben realisiert werden soll, ist klar und eindeutig vorzugeben. Die Ziele sind zu definieren. Doch die Unsicherheiten insbesondere in diesen Anfangsphasen sind aufgrund der geringen Informationslage und der vielen Unwägbarkeiten relativ hoch.

Der Fokus einer planungsbegleitenden Mediation liegt im frühzeitigen erkennen potentieller Konfliktfelder. Unstimmigkeiten sollen sogleich an ihrem Ursprung ansetzend möglichst umfassend behandelt werden. Im Rahmen des Projektmanagements werden Problemfelder zwar auch früh erkannt, jedoch oft nicht nachhaltig und weitreichend genug bearbeitet.[189] Divergenzen auf der Beziehungsebene werden in der Regel so gut wie gar nicht betrachtet, der Fokus liegt auf dem Sachverhalt. Projektmanager sind selten im Umgang mit verschiedenen Streitregelungstechniken geschult, die sich umfassend mit der Dynamik und der Eigenart von Konflikten auf allen Ebenen befasst. Eine interessengerechte Gesamtlösung im Ergebnis ist das, worauf der Mediator mit den Beteiligten hinarbeitet. Er bemüht sich um gegenseitige Verständigung und versucht eine lösungsorientierte und sachgerechte Zusammenarbeit der Parteien (wieder)herzustellen.[190]

Die Wirtschaftlichkeit und Sparsamkeit sind allgemeine und wesentliche Anforderungen gemäß Haushaltsgrundsätzegesetz (HGrG). Ihre Einhaltung wird vom Bundesrechnungshof (BRH) nach eigenem Ermessen überprüft. Die zuständigen Dienststellen erhalten eine Prüfungsmitteilung sowie die Gelegenheit zur Stellungnahme. In seinem Jahresbericht informiert er den Bundestag, den Bundesrat und die Bundesregierung über die wichtigsten Ergebnisse seiner Prüfungen.[191] Die Anspannung der beteiligten Behörden ist insbesondere sobald bekannt wird, dass der BRH beabsichtigt das Vorhaben zu prüfen, relativ hoch. Es scheint als würden Entscheidungen besonders sorgfältig abgewägt, manchmal sogar verdrängt bzw. vertagt. Solche Situationen und speziell in dem Fall, dass politische Zielsetzungen wie Termine oder Kosten gefährdet scheinen, sind häufig gekennzeichnet von

---

[187] *Kraus*, Mediation im Privaten Baurecht in *Haft/v. Schlieffen* Handbuch Mediation, 2009, § 22 Rdnr. 5.
[188] Kursnr. 71076 (Stand 2006): *Oppler*, Mediation im Baurecht, S. 33.
[189] Ebenda, S. 33.
[190] *Duss-von Werdt*, Systemische Aspekte in *Haft/v. Schlieffen* Handbuch Mediation, 2009, § 11 Rdnr. 50ff.
[191] Artikel 114 Absatz 2 GG, weitere Informationen unter www.bundesrechnungshof.de.

Misstrauen unter den Parteien. Weitere Gründe für gegenseitigen Argwohn, wie zum Beispiel die Rollen und (mutmaßlichen) Haltungen der Beteiligten sind im Kapitel 0 I 2 beschrieben. Der Abbau von Skepsis verbunden mit dem Aufbau eines vertrauensvollen Verhältnisses ist ebenso ein Bestreben der Mediation, wie der konstruktive Umgang miteinander innerhalb des politisch gegebenen Rahmens. Im Zentrum steht immer der Gesamterfolg des Projektes.

Baumaßnahmen für die Bundeswehr können begründet sein durch die Baufälligkeit der im Bestand genutzten Gebäude oder z.B. aufgrund eines geänderten Bedarfs. Liegt die Ursache im Zusammenhang einer politischen Entscheidung verbunden mit der öffentlichen Bekanntgabe von z.B. Terminen und gegebenenfalls Kosten, ist besonders in solchen Fällen ein wesentliches Ziel die Wahrung der Glaubwürdigkeit und Verhinderung des Gesichtsverlusts. Beispielsweise ist es möglich, dass der Umzug einer Einheit zunächst, z.B. aufgrund der vorliegenden Datenbasis, in einem kurzen Zeitrahmen möglich erscheint, während in der näheren Betrachtung der Begebenheiten deutlich mehr Vorbereitung notwendig ist damit die Dienststelle ihren funktionstüchtigen Betrieb aufnehmen kann: Gründe hierfür können wirtschaftlicher, oder auch funktionaler Art sein. Der Umbau der vorhandenen Anlagen kann sich bei genauerer Betrachtung unerwartet aufwändiger oder teurer darstellen als ein Neubau. Verzögerungen dieser Art sind jedoch erst nach detaillierteren Planungen feststellbar.

Mediation im Kontext solch übergeordneter Entscheidungen erstreckt sich im politischen Raum. Sie werden in dieser Studie nicht weiter betrachtet. Die Konsequenzen, die sich aufgrund jener Entscheidungen für das Projekt ergeben sind in jedem Fall zu berücksichtigen, da sie erheblichen Einfluss haben können auf das Projekt und auf die Haltung mancher Projektanten.

II. Grenzen, Spezifische Risiken

Das Verfahren für die Planung von Bauvorhaben der Bundeswehr ist streng geregelt. Es ist gekennzeichnet von Machtgefällen und vielen Beteiligten. Prüf- und Entscheidungsinstanzen können nicht übergangen werden. Die Planungsbegleitende Mediation muss sich dem Verfahren anpassen und sich in den geregelten Verwaltungsprozess eingliedern. Sie kann und soll diesen nicht ersetzen, sondern ergänzen und positiv unterstützen. Die Hierarchien sind zu beachten und in den Prozess mit einzubinden. [192] Es ist unerlässlich eine gefundene Lösung auf ihre Umsetzbarkeit zu überprüfen. Ein Ergebnis muss realistisch, objektiv machbar sein und auch von den Entscheidungsträgern mitgetragen werden (können).

---

[192] *Holznagel/Ramsauer*, Mediation im Verwaltungsrecht in *Haft/v. Schlieffen* Handbuch Mediation, 2009, § 28 Rdnr. 2ff.

Andernfalls wären die Verhandlungen umsonst gewesen, die Frustration wäre groß und das Vertrauen in die Mediation würde erheblich getrübt.[193]

Viele Verwaltungsmitarbeiter scheuen häufig Entscheidungen, die sie später selbst rechtfertigen müssen.[194] Daher suchen sie die Anweisung durch ihre Führungskräfte oder vorgesetzten Behörden, bis hin zu Entscheidungen z.B. im Schiedsgerichtsverfahren.[195] Manchmal werden Sachverhalte nur recht oberflächlich behandelt bis eine verbindliche Vorgabe getroffen wird, die dem Mitarbeiter den Weg für das weitere Vorgehen weist. Jedoch sind sie die Experten in dem Sachverhalt. Im Gegensatz zu ihnen, müssen sich Ihre Vorgesetzten oder ggfs. ein Schiedsrichter den Sachverhalt zunächst erarbeiten. Dies braucht Zeit. Führungskräfte sind laut KPMG-Studie (2009) mit etwa 30 bis 50 Prozent ihrer Arbeitszeit mit der Bearbeitung von Konflikten (wie oben beschrieben) beschäftigt.[196] Eine Entlastung der Führung, durch die Übernahme von Eigenverantwortung von ihren Mitarbeitern, dürfte daher vor allem im Interesse der Leitungsebene sein. Mediationsverfahren bieten einen Rahmen, der es ihnen ermöglicht.

Fehlt die Bereitschaft zu einer Einigung oder einvernehmlichen Lösung, ist der Weg für Mediation gesperrt. Es gibt Menschen, die sich einem Konsens oder Kompromiss völlig verwehren. Nachgeben bedeutet für sie verlieren, für sie gilt: „alles oder nichts". In solchen Fällen stoßen Methoden des Verstehens und der Verständigung an ihre Grenzen.[197] Vorsicht ist geboten bei einer nur scheinbaren Einigungsbereitwilligkeit. Gelegentlich täuschen Menschen Kooperationsbereitschaft nur vor, während sie hintergründig andere Ziele verfolgen. Manipulationstechniken dieser Art sind nur schwer zu durchschauen, der Weg zur Einigung ist jedoch nahezu unmöglich.[198]

Nicht verhandelbar sind weiterhin eindeutige Planungsmängel sowie Sachverhalte in denen objektiv gesehen keine Möglichkeit zur Einigung besteht.[199] Gleichwohl lässt sich in diesen Fällen eine Akzeptanz der Parteien zum bestehenden Dissens herstellen. Medianten können sich in einer Verhandlung durchaus darüber einig werden, dass Unstimmigkeiten bestehen

---

[193] *Risse/Wagner*, Mediation im Wirtschaftsrecht in *Haft/v. Schlieffen* Handbuch Mediation, 2009, § 23 Rdnr. 49f und 54.
[194] *Hammacher*, Mediation während der Auftragsabwicklung in Spektrum der Mediation, Nr. 21/1. Quartal 2006, S. 20.
[195] Vgl. z.B. das § 18 (2) VOB – Verfahren oder Regelungen unter anderem in der Dachvereinbarung BMVg-BMF-BIma in § 26
[196] Vgl. Kapitel 0 0 „Schlussfolgerung", auf Seite 31.
[197] Kursnr. 71076 (Stand 2006): *Oppler*, Mediation im Baurecht, S. 37 und *Kraus*, Mediation im Privaten Baurecht in *Haft/v. Schlieffen* Handbuch Mediation, 2009, § 22 Rdnr. 24ff.
[198] Ebenda, § 22 Rdnr. 24ff.
[199] Kursnr. 71076 (Stand 2006): *Oppler*, Mediation im Baurecht, S. 37 und *Risse/Wagner*, Mediation im Wirtschaftsrecht in *Haft/v. Schlieffen* Handbuch Mediation, 2009, § 23 Rdnr. 49f.

und auch weiter bestehen bleiben können. Diese Erkenntnis kann sich positiv auf die Beziehung und weitere Zusammenarbeit auswirken.[200]

Manche Konfliktthemen sind im Grundsatz für Planungen der Bundeswehr entscheidend. Die Behandlung dieser Thematiken muss übergeordnet in einem anderen Rahmen, auf ministerieller (politischer) Ebene, erfolgen. Eine Konfliktlösung in einer Mediation ist denkbar, aber im Rahmen einer planungsbegleitenden Mediation eines Einzelprojekts meist aussichtslos.

Auch die Kostenfrage kann einer Problembearbeitung im Konsens mithilfe von Mediation im Wege stehen. Stehen im Budget keine Mittel für solche Maßnahmen zur Verfügung und gibt es in den Behörden keine geeigneten Fachleute die diese Aufgabe übernehmen können, wird man wohl auf herkömmliche Verfahren zurückgreifen müssen. Möglicherweise werden bei Entscheidungsträgern auch der wirtschaftliche Wert und die Bedeutung nicht erkannt, so dass sie keine Gelder hierfür frei geben.[201]

III. Chancen, Eignung

Tendenziell verschärfen sich Auseinandersetzungen sofern sie nicht beigelegt werden. Der Einsatz alternativer Streitregelungsverfahren wirkt deeskalierend. Ein professionell geschulter Mediator ist in der Lage die richtige Interventionsform, gemessen am Eskalationsgrad sowie der vorliegenden Konfliktart (personell, strukturell oder materiell) auszuwählen und das Setting entsprechend zu gestalten. Je nach Tiefe des Konflikts reicht die Intervention von einem Klärungsgespräch, einer Moderation oder Supervision über persönliches Coaching zu einer klassischen Mediation bis hin zu einer Organisationsentwicklung. Bei hocheskalierten Kontroversen in einer Behörde kann auch eine Machtentscheidung auf der Führungsebene durchaus die sinnvollste und effektivste Lösung sein.[202] Ein professioneller Konfliktmittler beherrscht unterschiedliche Techniken im Umgang mit den verschiedenen Konfliktarten und Konstellationen (Einzelarbeit (Coaching), Arbeit mit zwei Parteien oder mit Gruppen). Die Verantwortung für die Beilegung ihrer Streitigkeiten liegt bei den Medianten. Das Verfahren bietet ihnen die Chance, ihre Fähigkeiten zur Bewältigung von Konflikten zu erweitern. Schwierigkeiten können mit steigender Kompetenz schneller erkannt und adäquat bearbeitet werden. Mediation schafft somit nicht nur kurzfristig eine Entlastung, sondern sie wirkt sich insbesondere präventiv auf die Zukunft aus.[203]

---

[200] *Wolsing*, Mediation bei Projektplanungen der öffentlichen Hand in Spektrum der Mediation, Nr. 21/1. Quartal 2006, S. 31.
[201] *Risse/Wagner*, Mediation im Wirtschaftsrecht in *Haft/v. Schlieffen* Handbuch Mediation, 2009, § 23 Rdnr. 48.
[202] Faller/Faller, Innerbetriebliche Wirtschaftsmediation, 2014, S. 81ff und Kursnr. 71080/2 (Stand 2014)
Kostka/Röchling/Schmidt Innerbehördliche Mediation, S. 19f.
[203] Z.B. in *Faller/Faller*, Innerbetriebliche Wirtschaftsmediation, 2014, S. 59.

Wenngleich Skepsis gegenüber dem Verfahren der Mediation herrscht, ist es möglicherweise die Aussicht das Eskalationsrisiko zu reduzieren, das den Ausschlag für die Wahl dieses Verfahrens geben kann.[204] In vielen Fällen ist eine gestörte Kommunikation der Auslöser oder zumindest mit verantwortlich für Unstimmigkeiten und deren Verschärfung im Laufe des Streits. Die Beteiligten haben ihre ganz persönliche Wahrnehmung und sind von deren absoluter Wirklichkeit und Richtigkeit jeweils überzeugt. Meistens verfolgen sie ausschließlich ihre eigenen Ansichten, unabhängig vom Verhalten des anderen. Sie gehen nur oberflächlich oder gar nicht aufeinander ein. In der Mediation lernen sie diese Pseudokontigenz zu überwinden und ihr Verhalten sowohl am eigenen Bestreben, als auch nach dem Verhalten der anderen Partei auszurichten (echte wechselseitige Kontingenz). Sie erkennen ihren eigenen Anteil am Konfliktverlauf und den wechselseitigen Einfluss ihrer jeweiligen Haltungen im Verlauf der Auseinandersetzung.[205] Im Gegensatz zur Delegation der Streitlösung an eine höhere Ebene, wie zum Beispiel einem Vorgesetzten oder an ein Schiedsgericht, erarbeiten die Parteien die Lösung in einer Mediation selbst. Eine wirkliche und nachhaltige Beilegung des Konflikts ist aufgrund dessen höher. Es werden die Medianten selbst diejenigen sein, die im Nachhinein die Einhaltung der getroffenen Vereinbarungen kontrollieren. Die Gesprächsbasis, welche im Verlauf des Verfahrens zusammen erlangt wurde, hat eine verhältnismäßig gute Chance für die Zukunft eine positive Verhandlungsgrundlage zu bilden. Sollte die Mediation ergebnislos scheitern, bleiben den Parteien nach wie vor die herkömmlichen und bekannten Wege der Streitbeilegung offen. Insofern überwiegen die Vorteile gegenüber anderer Verfahren, so dass dieses durchaus auch für Skeptiker überlegenswert ist.

Im Gegensatz zu langwierigen Baugerichtsprozessen erzielt eine von den Parteien selbst gesteuerte, lösungsorientierte Verhandlung im Allgemeinen schneller und zielgerichteter ein Ergebnis. Zudem wird das Resultat besser akzeptiert, da die Beteiligten es selbst erarbeitet haben. Die Mediation ist somit ein geeignetes, alternatives Mittel für Streitbeilegungen am Bau.[206] In der Entwicklung und Planung von Baumaßnahmen des Bundes wird in der Regel nicht prozessiert. Die Behörden sind angehalten einvernehmliche Vereinbarungen zu treffen und vertrauensvoll zusammenzuarbeiten.[207] Des Weiteren sind die Entscheidungskompetenzen klar definiert.[208] Dennoch bin ich der Meinung, dass auch in diesen Phasen der Entscheidungen und Festlegungen in der Vor- und Entwurfsplanung, die Mediation und andere alternative Streitbeilegungsverfahren Zeitgewinne mit sich bringen können. Eine gemeinsam vorbereitete Entscheidungsvorlage mag zwar für einige zeitaufwändig erscheinen, sie kann jedoch eine Entscheidungskaskade mit zahlreichen Nachbesserungen ersetzen und somit

---

[204] *Trossen*, Integrierte Mediation in *Haft/v. Schlieffen* Handbuch Mediation, 2009, § 40 Rdnr. 22.
[205] Kursnr. 71058/2, *Auferkorte-Michaelis/Michaelis/Rösch* Kommunikation – Grundlage mediativer Verfahren (Teil 1), S. 11f.
[206] Kursnr. 71076 (Stand 2006): *Oppler*, Mediation im Baurecht, S. 30f.
[207] Vgl. hierzu Kapitel B II 2 ab Seite 19.
[208] Vgl. hierzu Kapitel A III ab Seite 11.

schlussendlich schneller ans Ziel führen.[209] Als zeitsparend erweist sich auch die strukturierte, professionell geführte Verhandlung. Ausufernde Besprechungen, die sich im Kreise drehen, werden vermieden. Diskussionen werden sachgerecht, zukunfts- und lösungsorientiert zum Ziel geführt. Dies steigert zudem die Effizienz.[210] In der Behandlung aller Interessen vergrößert sich die Chance zur Einigung. Die Erweiterung der Perspektiven lässt Lösungsoptionen zu, welche vorher nicht gesehen wurden oder wenig möglich erschienen. So können auch Teilergebnisse erfolgreiche Resultate des Verfahrens sein und Projekte voran bringen.[211]

Die Streitenden selbst sind die Experten ihres Konflikts. Sie kennen die Sachverhalte am besten. In der professionellen, nachhaltigen Beilegung von Konflikten unter Berücksichtigung der Interessen sind sie dagegen selten geschult. Indem sie sich Unterstützung von einem ausgebildeten Mediator suchen, schaffen sie sich selbst neue Kapazitäten. Sie geben nicht die Lösung des Konflikts aus den Händen. Lediglich die Organisation und Planung des Verfahrens zur Beilegung wird ihnen abgenommen. Es ist in den Behörden durchaus üblich Experten hinzuzuziehen, sei es für die Erstellung von Gutachten, Untersuchungen oder die Projektsteuerung und Koordinierung von Baustellen. Wenngleich innerbehördlich dieselben Kompetenzen vorhanden sind, mangelt es häufig an den notwendigen Ressourcen. Warum also nicht auch die Steuerung der Streitbeilegung in die Hand eines Experten geben? Dieser Weg bietet gleich zwei Chancen: Zum einen werden wieder Kapazitäten in den Behörden frei. Zum anderen werden die Konflikte adäquat in der richtigen Interventionsform bearbeitet.

Für den Fall, dass ein hocheskalierter Konflikt vor Gericht oder einem Schlichter landet, sind die Bearbeiter gefordert entsprechende Unterlagen vorzubereiten. Erfolgt die Konfliktlösung durch den Vorgesetzten, werden zur Erörterung des Sachverhaltes sowohl die Zeit des Sachbearbeiters als auch die Zeit des Vorgesetzten beansprucht. Auch für die Behandlung des Konflikts in einer Mediation muss der Sachbearbeiter zu Verfügung stehen. Während jedoch im ersten Fall sich seine Tätigkeit auf Verwaltungsarbeiten beschränkt (Unterlagen zusammenstellen, Stellungnahmen schreiben etc.), wird er im zweiten Fall aktiv gefordert. Die Parteien suchen und erarbeiten Lösungen zu ihrem Problem. Hierbei lernen sie den Umgang mit Konflikten, sowie verschiedene Problemregelungsverfahren kennen. Zudem erkennen sie, dass die (Geschäfts-)Beziehung nicht zwangsläufig Schaden nehmen muss. Sie erweitern in Richtung Konfliktmanagement ihre Fähigkeiten und ihren Blick (siehe weiter

---

[209] *Wolsing*, Mediation bei Projektplanungen der öffentlichen Hand in Spektrum der Mediation, Nr. 21/1. Quartal 2006, S. 31.
[210] *Hammacher*, Mediation während der Auftragsabwicklung in Spektrum der Mediation, Nr. 21/1. Quartal 2006, S. 22.
[211] *Kraus*, Mediation im Privaten Baurecht in *Haft/v. Schlieffen* Handbuch Mediation, 2009, § 22 Rdnr. 41ff.

oben). Diese Steigerung der Kompetenzen und daraus folgenden Leistungen bildet einen Mehrwert für die Behörden und Organisationen.[212]

Hinter einer gemeinsam erarbeiteten Lösung können die Parteien im Allgemeinen besser stehen. Sie wird demnach von allen gleichermaßen gerechtfertigt, z.b. vor dem Bundesrechnungshof, sofern dies erforderlich ist. Es zeichnet sich nicht nur ein Einzelner verantwortlich. Im Idealfall wird das Vorgehen von allen getragen. Das Ergebnis wirkt somit nachhaltiger. Voraussetzung für ein derartiges Resultat ist eine Kommunikation der Verständigung. Die Mediation bietet dafür den entsprechenden Rahmen.

IV. Umsetzungsmöglichkeiten

Damit sich Mediation in diesem Bereich etablieren kann ist ein Umdenken der Parteien in Richtung Kooperation notwendig. Zunächst muss den Parteien der Nutzen einer kooperativen Verhandlungsstrategie vermittelt werden. Erst damit wird ein Umdenken in diese Richtung möglich und bei den Parteien entwickelt sich die Bereitschaft Eigenverantwortung zu übernehmen.[213] Die Methode sollte am besten von der Führungsspitze eingeführt, mitgetragen und vorgelebt werden. Auf diese Weise besteht die Chance, dass es zu einem festen Bestandteil des eigentlichen Verfahrens wird und dieses vorteilhaft ergänzt. Verknüpft mit positiven Erfahrungen kann es auf der Arbeitsebene ebenso den Weg ins System finden.

1. Rechtliche Aspekte

Rechtlich gesehen spricht meines Erachtens nichts gegen die Anwendung von Mediation bei der Planung (und Durchführung) von Baumaßnahmen des Bundes. Gleiches gilt für Bauvorhaben der Bundeswehr. Nachfolgend werden die Arbeits- und Verwaltungsrechtlichen Aspekte auf Grundlage der RBBau, der Geschäftsordnungen sowie weiterer Vereinbarungen und Verordnungen der einzelnen Behörden betrachtet.

a) Arbeitsrecht

§ 19 Absatz 2 der Gemeinsamen Geschäftsordnung der Bundesministerien (GGO) fordert bei Entscheidungen im Interesse mehrerer Ministerien eine einvernehmliche Verständigung der beteiligten Behörden. Im § 11 Absatz 1 GGO wird die Verantwortung der Vorgesetzten ihre Mitarbeiterinnen und Mitarbeiter einzubinden beschrieben. Sie werden weiter aufgefordert, deren Bereitschaft zur Kooperation und Übernahme von Eigenverantwortung sowie deren Kreativität zu fördern. Die Konfliktmoderation wird als geeignetes Verfahren hierfür

---

[212] *Trossen*, Integrierte Mediation in *Haft/v. Schlieffen* Handbuch Mediation, 2009, § 40 Rdnr. 52.
[213] *Trossen*, Integrierte Mediation in *Haft/v. Schlieffen* Handbuch Mediation, 2009, § 40 Rdnr. 48.

explizit erwähnt. Wenngleich sich dieser Paragraph in erster Linie auf die Zusammenarbeit innerhalb einer Organisationseinheit bezieht, drückt er eine erwartete Grundeinstellung aus, die sich auf den gesamten Verantwortungs- und Aufgabenbereich übertragen lässt. Referatsintern sind die Mitarbeiter angehalten sich zu unterstützen.[214] § 15 GGO fordert zur Beteiligung der Kolleginnen und Kollegen anderer Organisationseinheiten auf, soweit dies ein Vorgang erfordert. Ministeriumsangehörige sind somit dem Grunde nach zu einer kooperativen Haltung aufgefordert.

In der Allgemeinen Geschäftsordnung für die Behörden des Freistaates Bayern (AGO) wird unterdessen zum einen das Ziel der Delegation vorgegeben. Zum anderen sind die weiteren Ziele Abbau, Privatisierung, Vereinfachung und Beschleunigung benannt.[215] Hinweise zur Förderung der Übernahme von Eigenverantwortung durch die Mitarbeiter finden sich in den AGO nicht. Auch in Bezug auf eine kooperative Zusammenarbeit der Mitarbeiterinnen und Mitarbeiter analog der GGO sucht man nahezu vergeblich. Sind mehrere Behörden und Organisationseinheiten in einem Verfahren beteiligt, sollen sich diese abstimmen und eine einheitliche Haltung einnehmen.[216] Eine bürgerfreundliche, dienstleistungsorientierte Aufgabenerfüllung wird gefordert, wie auch ihnen „mit Verständnis für ihre Belange zu begegnen".[217] Auch in einzelnen Geschäftsordnungen bayerischer Bauämter[218] wird man auf den ersten Blick nur schwer fündig. Ziel ist eine vertrauensvolle Zusammenarbeit. Die Beschäftigten sollen „konstruktiv und fachübergreifend"[219] zusammenarbeiten und sich im erforderlichen Umfang gegenseitig unterrichten. Im Weiteren werden die Rechte und Pflichten der Beschäftigten dargestellt.

Im Vergleich hierzu wirkt die Anlage 2 der Verordnung „Führung und Zusammenarbeit in der Bayerischen Staatsverwaltung" deutlich anders. Auf diese wird unter dem Punkt „Allgemeine Aufgaben der Führungskräfte"[220] verwiesen. Die Bayerische Staatsregierung führte diese Leitlinie im Juli 2007 offiziell ein. Grundlage bildet laut Präambel die Reaktion der öffentlichen Verwaltung auf den stetigen Wandel der Gesellschaft. Die Modernisierung erfordere das Engagement ihrer Beschäftigten sowie deren Bereitschaft zur Veränderung. Die Leitlinie richtet sich speziell an die Führungskräfte, die als Vorbild voran gehen sollen. Sie werden zur kompetenten Führung und Übernahme der Führungsverantwortung mit der Vorgabe von Zielen unter anderem aufgefordert. Das Bestreben soll sein, die Beschäftigten zu motivieren und ihre „Kooperationsbereitschaft und Einsatzfreude [zu] fördern.[221] Die Bayerische Staatsregierung hat den Wert von transparenten Entscheidungen, wie auch der vertrauensvollen

---

[214] § 11 Absatz 5 GGO.
[215] § 2 Absatz 2 AGO.
[216] § 16 AGO.
[217] Zweiter Teil „Bürgerorientierte Verwaltung", §§ 4-9 AGO. Zitat: § 4 Absatz 2 Satz 1 AGO.
[218] Zum Beispiel die Geschäftsordnung des Staatlichen Bauamts Nürnberg (GO StBAN).
[219] Abschnitt II, Punkt 6 Absatz 1 GO StBAN.
[220] Abschnitt II Punkt 7 GO StBAN.
[221] *Bayerische Staatsregierung*, Leitlinien zur Führung und Zusammenarbeit in der Bayerischen Staatsverwaltung, 2007, Thema „Kompetent führen".

auf gegenseitige Unterstützung basierten Zusammenarbeit erkannt.[222] Die Umsetzung wird *von oben nach unten* angestrebt. Während sich dieses Konzept im Allgemeinen schneller verwirklichen lässt, würde eine Realisierung *von unten nach oben* eine breitere Mitwirkung sichern.[223]

Auch die Bayerische Staatsregierung fordert demnach ihre Beschäftigten zu einer kooperativen Haltung auf. Zunächst sind die Führungskräfte gefragt diesen Wandel zu vollziehen und ihre Mitarbeiter dahin zu führen. Ob die Aspekte der Leitlinie eines Tages in die AGO einfließen werden bleibt offen. Die letzte Änderung der AGO erfolgte drei Jahre nach deren Einführung. Aus dem Grundsatz der Organleihe sind Bund und Länder „zur vertrauensvollen Zusammenarbeit auf öffentlich-rechtlicher Grundlage"[224] verpflichtet. Aus Sicht des Arbeitsrechts, bezugnehmend auf die jeweiligen Geschäftsordnungen, steht der Anwendung von interessenorientierten Streitbeilegungsverfahren nichts im Wege. Es hat den Anschein, dass die Anwendung von Mediation bei den Bundesministerien eine schnellere Chance zur Akzeptanz und Umsetzung finden könnte als in der Bayerischen Staatsverwaltung. Der Einsatz von Mediation und mediativen Elementen lässt sich mit den Zielen und Leitlinien aus den GGO sehr gut vereinbaren. Die Grundsätze der Mediation unterstützen die Führungskräfte bei der Verwirklichung dieser Zielvorstellungen.

Die Bundeswehr befindet sich bereits in einem umfangreichen Wandel.[225] Veränderungsprozesse sind in der Regel konfliktträchtig. Sie bieten aber auch die Chance einer breiten Akzeptanz für neu eingeführte Elemente. Ein solches könnte die Implementierung von Mediation und professionalisiertes Konfliktmanagement sein. Eine z.B. von oben angeordnete Anwendung der Verfahren bei der Projektentwicklung von Baumaßnahmen des BMVg in den Bundesländern könnte, gekoppelt mit positiven Erfahrungen durch erfolgreiche Ergebnisse, möglicherweise auch den Wandel in der Bayerischen Bauverwaltung fördern. Die zuvor angeordnete Teilnahme kann durch eine vielversprechende Entwicklung im Verlauf des Verfahrens zu einer selbstgewählten Freiwilligkeit der Landesbediensteten werden.[226] Trotz Anordnung zur Teilnahme sind die Parteien grundsätzlich frei eine Mediation (einseitig) zu beenden.

b) Verfahrensrecht

Die Grundlage bildet die haushaltsrechtliche Verwaltungsvorschrift, die *Richtlinien für die Durchführung von Baumaßnahmen des Bundes (RBBau)* mit ihren zugehörigen Erlässen.[227]

---

[222] Ebenda, Thema „Zusammen arbeiten".
[223] *PricewaterhouseCoopers AG/Europa-Universität Viadrana* (Hrsg.), Studie III: „Konfliktmanagement. Von den Elementen zum System", 2013, S. 60.
[224] Punkt 3.1 Anhang 7 RBBau.
[225] Beschrieben im Kapitel A II 1 a) ab Seite 5.
[226] Kursnr. 71091-8-01-S 1: *Trossen,* Integrierte Mediation, 2014, S. 59-60.
[227] Vgl. hierzu Kapitel A III ab Seite 11.

Sie sind Verwaltungsintern verbindlich anzuwenden und bilden somit ein Innenrecht der Verwaltung ab.

Das formale Verwaltungsverfahren kann nicht umgangen oder ersetzt werden. Mediation und Konfliktmanagement müssen sich dem anpassen. Sie können aber die Verfahren positiv ergänzen. In manchen Bereichen wirken sie z.B. beschleunigend, etwa wenn Entscheidungsvorlagen einvernehmlich vorbereitet werden. Vorgeschriebene Verwaltungsgänge sind jedoch nach wie vor rechtlich erforderlich und einzuhalten.[228]

Sofern sich interessenorientierte Konfliktlösungsmethoden wie die Mediation im verfahrensrechtlichen Rahmen bewegen, spricht nichts gegen ihre Anwendung bei der Projektentwicklung von Baumaßnahmen des Bundes.[229] Sowohl den Medianten als auch dem Mediator sollte bewusst sein, dass ein in der Mediation erfolgreich erarbeitetes Ergebnis zwar eine „faktische Vorabbindung"[230] aufweist, jedoch von den Genehmigungs- und Prüfinstanzen noch bestätigt werden muss. Erst dann erreicht dieses eine allgemein verbindliche Wirkung. Die Entscheidungsträger sollten daher frühzeitig in die Verfahren mit eingebunden werden.[231]

Für Bauangelegenheiten des Bundesministeriums der Verteidigung (BMVg) wird in den RBBau an einigen Stellen auf die rechtzeitige Beteiligung der erforderlichen Behörden und Instanzen hingewiesen. Die Eigentümerin, die Bundesanstalt für Immobilienaufgaben (BImA) soll beispielsweise frühzeitig im Planungsstadium im Rahmen ihrer Eigentümerinteressen einbezogen werden. Verzögerungen sind zu vermeiden.[232] Grundsätzlich wird eine Zusammenarbeit der Beteiligten in den RBBau empfohlen bzw. gefordert.

Bereits in der Dachvereinbarung von BMVg, BMF und BImA haben sich die Behörden auf eine enge und vertrauensvolle Zusammenarbeit festgelegt.[233] Kontroversen zwischen den Parteien werden abschließend durch das Schiedsgericht entschieden. Zunächst soll jedoch eine Einigung in direkter Verhandlung der Behörden angestrebt werden. Erst wenn diese scheitert darf das Schiedsgericht einseitig angerufen werden. Der Versuch der Einigung ist diesem in einem Schreiben nachzuweisen. Der ordentliche Rechtsweg ist ausgeschlossen.[234]

Eine Zusammenarbeit ist erforderlich und vorgeschrieben. Dem BMVg ist zur Realisierung grundsätzlich an einer zügigen Bearbeitung gelegen. Bei Interessensgegensätzen vermag dies der kooperative Weg im Allgemeinen eher zu gewährleisten als eine Konfrontation. In diesem Zusammenhang bildet sich hier Raum für Mediation und mediative Ansätze. Insbe-

---

[228] Ebenda, als Beispiel wären hier etwa Prüf- und Genehmigungsläufe zu nennen.
[229] *Holznagel/Ramsauer*, Mediation im Verwaltungsrecht in *Haft/v. Schlieffen* Handbuch Mediation, 2009, § 28 Rdnr. 5.
[230] Ebenda.
[231] Ebenda, Rdnr. 4-5.
[232] Abschnitt L1 zu A1 RBBau, S. L1 2/15.
[233] § 26 Dachvereinbarung BMVg – BMF – BImA vom 17.04.2009, S. 19.
[234] Ebenda.

sondere die gewünschte Vertraulichkeit, die nicht nur anhand der vorhandenen Schiedsvereinbarungen in den Verträgen ersichtlich wird, ist in einer Mediation gewährleistet. Zu Beginn des Verfahrens sollte dies unter anderem in einer Mediationsvereinbarung festgehalten werden, die von allen Parteien unterzeichnet wird.

2. Aspekte aus dem Planungsprozess

Mediation bietet sich an für die Bearbeitung konkret vorliegender Konflikte, aber auch präventiv im Rahmen einer mediativen Konfliktbegleitung. Sie muss sich dem verfahrensrechtlich erforderlichen Rahmen unterordnen. Die formalisierten Prozesse der RBBau bilden die Grundlage an denen sich eine planungsbegleitende Mediation orientieren muss. Im Wesentlichen sind in der Entscheidungsphase (ES-Bau) und in der Entwurfsphase (EW-Bau) die gleichen Behörden, Organisationen und Instanzen beteiligt. Das Projektmanagement wechselt ab der EW-Bau-Phase von der Bundeswehr zur Bauverwaltung. Die beiden Phasen werden hier gesondert betrachtet. Anhand eines konkreten Fallbeispiels wird der mögliche Einsatz von Mediation schließlich untersucht und erläutert.

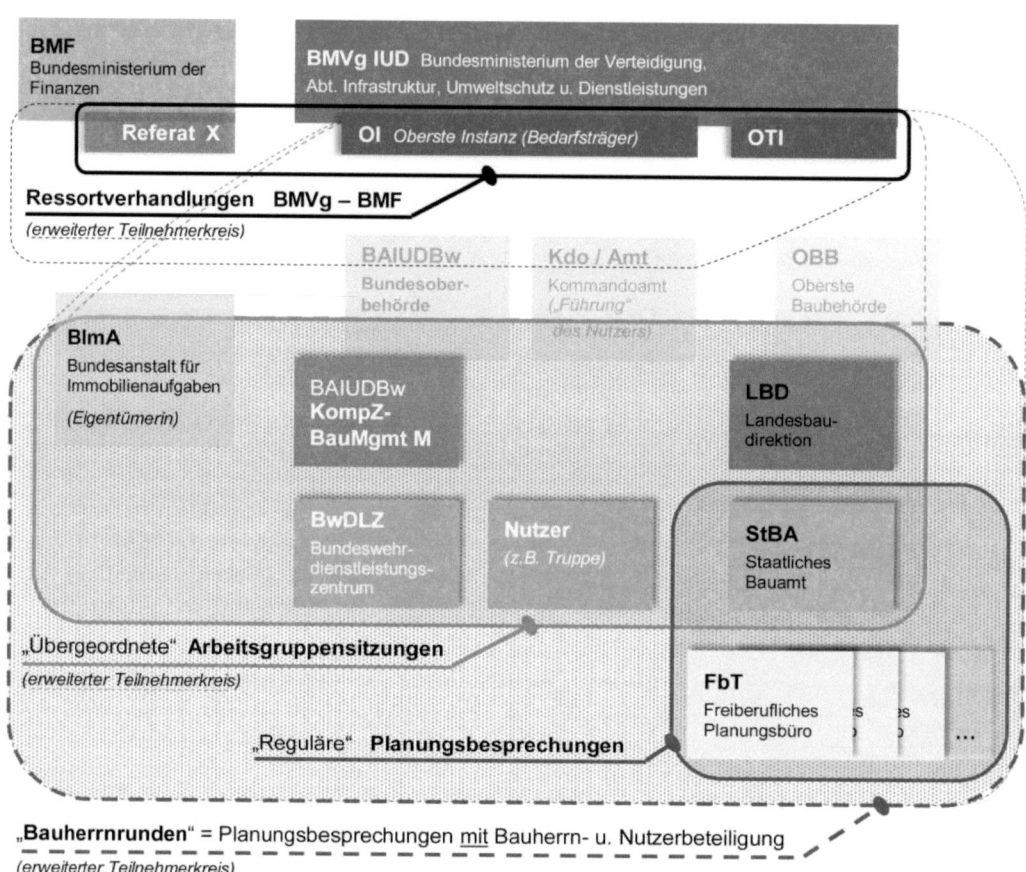

Abbildung 5: Projekt-/ Planungsbesprechungen

a) Mediation in den Entscheidungsphasen (ES-Bau)

Sofern umfangreiche Liegenschaftsentwicklungen mit vielen einzelnen Maßnahmen Gegenstand der Planung sind, wird meist eine Arbeitsgruppe mit Vertretern aller an der Planung beteiligten Behörden gebildet. Diese trifft sich in einem Turnus von etwa 4 Wochen unter der Federführung des BAIUDBw, das in dieser Phase das Projektmanagement innehat. In den Besprechungen werden alle übergeordnet relevanten Themen besprochen sowie notwendige (übergeordnete) Entscheidungen getroffen, soweit die Anwesenden hierzu befugt sind. Arbeitsergebnisse werden dokumentiert.[235] Für einzelne (isolierte) Große Baumaßnahmen wird eine solche Runde in der Regel nicht eingerichtet. Planungsbesprechungen, ES-Bau begleitend, werden in diesem Fall seitens des Bauamtes analog zur Beschreibung im nächsten Kapitel (D IV 2 b), Mediation in der EW-Bau-Phase) organisiert.

Die frühe Klärung von Konflikten im Rahmen dieser Besprechungen bietet sich an. Viele Konflikte könnten mit Hilfe des Projektmanagers gelöst werden. Hilfreich wäre, wenn er in der Konfliktbewältigung geschult ist. Sobald jedoch er selbst oder seine Behörde am Konflikt beteiligt sind kann es schwierig werden. Insbesondere bei hoch eskalierten Streitigkeiten. Vor allem in solchen Fällen bietet sich die Konfliktvermittlung durch einen neutralen, unbeteiligten Dritten an. Am Wirkungsvollsten ist der Einsatz eines von Projektbeginn an involvierten Mediators / Konfliktmanagers.[236] Dieser kann den Besprechungen als neutraler, allparteilicher Beobachter beiwohnen. Er erhält einen Überblick über die Themen und die Komplexität des Vorhabens. Sein Blick richtet sich auf konfliktträchtige Sachverhalte. Im Falle einer Vermittlung wird ihm die Leitung und Gesprächsführung für die Dauer dieses Verfahrens übertragen. Sind nicht alle an der Besprechung anwesenden Personen in den Konflikt involviert, könnten eigene Termine für die Streitbeilegung mit den Parteien vereinbart werden. Sofern die Parteien dies wünschen wären grundsätzlich auch Einzelgespräche denkbar. Die Bedingungen hierfür sollten jedoch genauestens mit den Parteien vereinbart werden. Insbesondere hinsichtlich der Vertraulichkeit und der Weitergabe von Informationen durch den Mediator an die jeweils andere Partei. Am Ende jedes Einzelgesprächs sollte sich dieser mit der Partei besprechen, welche Informationen er weiter tragen darf und welche nicht. Eine gemeinsame Mediation im Beisein aller Beteiligten sollte meines Erachtens jedoch vorrangig immer angestrebt werden.

Empfehlenswert wäre eine Vereinbarung zur Bewältigung von Differenzen in einer Mediation – sofern sie nicht direkt von den Betroffenen selbst beigelegt werden konnten – bereits vor Beginn eines Projektes zu treffen. Zu diesem Zeitpunkt ist die Atmosphäre meist harmonisch und ruhig. Ein früher Vorstoß sät auch kein Misstrauen. Vielmehr betont er den guten Willen

---

[235] Vgl. Abschnitt L1 zu E2.1 RBBau.
[236] *Flucher/Kochendörfer/v. Minckwitz/Viering*, Mediation im Bauwesen, 2003, S. 42.

einer gütlichen, konsensorientierten Einigung im Streitfall.[237] Sofern Interessensgegensätze nicht direkt auf der Arbeitsebene von den Beteiligten gelöst werden können werden sie meist in der nächsthöheren Instanz weiter verhandelt. Aufgrund dessen sollten solche Vereinbarungen von den obersten Instanzen (verbindlich) getroffen werden. Eine derartige Klausel könnte möglicherweise bereits in den RBBau einfließen, zumindest als Empfehlung. Die Rolle eines außenstehenden Konfliktmanagers als unparteiischer Dritter sollte klar definiert werden um Kompetenzkonflikte zu den anderen Akteuren zu vermeiden.[238] So dürfen an ihn zum Beispiel keine Führungsaufgaben delegiert werden. Ebenso wenig sollte er Verantwortung zur Erreichung der Termin- und Kostenziele im Einzelnen übernehmen müssen. Gleichwohl könnte er mit der Aufgabe betraut werden, den Gesamterfolg des Projektes zu verfolgen und zu vermitteln. Der Erfolg wird zwar generell an der Termin- und Kostentreue gemessen, doch auch eine gute und vertrauensvolle Zusammenarbeit zeichnet ein Projekt am Ende erfolgreich. Dieses Ergebnis wirkt sich zudem ungleich stärker auf die weitere gemeinsame Zusammenarbeit aus.

Der Aufgabenbereich eines Konfliktmanagers kann vielfältig sein. Von einer mediativen Beratung über die Moderation zu einer klassischen Mediation bis hin zur Konfliktbegleitung ist vieles denkbar.[239] Der planungsbegleitende Mediator oder Konfliktmanager könnte intern von einer Behörde gestellt sein. Genauso gut könnte (zusätzlich) ein Externer Mediator hinzugezogen werden. Die Beauftragung eines externen Vermittlers bietet sich vor allem in hoch eskalierten Konflikten an. In jedem Fall müssen diese von allen Beteiligten akzeptiert und bestätigt werden. Sie müssen ihnen vertrauen können. Denkbar wäre beispielsweise die Übernahme der Aufgaben durch einen unabhängigen Konfliktvermittler aus dem BMVg als oberste Behörde. Meines Erachtens könnte eine Person aus dieser Behörde die notwendige Autorität und Akzeptanz von allen Beteiligten erlangen, da sie die Oberste Instanz für alle wesentlich Beteiligten (Nutzer und Bauverwaltung) innehat. Für Beschäftigte innerhalb der Bauverwaltung oder dem BAIUDBw könnte es meiner Meinung nach dagegen schwieriger werden das notwendige Vertrauen von den Parteien zu erlangen.

Die Bewältigung niedrig eskalierter Kontroversen könnte zum Aufgabenfeld des internen Konfliktmanagers gehören. Bei der Beilegung von hoch eskalierten Konflikten wäre eine Co-Mediation mit einem unbeteiligten, externen Mediator empfehlenswert. Dies bietet insbesondere die Chance sich zusätzliche für die Bewältigung notwendige Fähigkeiten *einzukaufen*.

---

[237] Ebenda, S. 41.
[238] Z.B. in: *PricewaterhouseCoopers AG/Europa-Universität Viadrana* (Hrsg.), Studie III: „Konfliktmanagement. Von den Elementen zum System", 2013, S. 64 und 73.
[239] Neben der klassischen Mediation finden sich interessante Ansätze ebenso in der analog denkbaren Integrierten Mediation dargestellt z.B. in *Trossen,* Integrierte Mediation, 2014 oder der sogenannten Sachverständigenvermittlung aus *Flucher/Kochendörfer/v. Minckwitz/Viering,* Mediation im Bauwesen, 2003, S. 33-50.

Denkbar wäre z.B. die Hinzuziehung eines Juristen, wenn der interne Mediator über eine technisch-wirtschaftliche Qualifikation verfügt.[240]

Häufig wird über die Einrichtung von gemeinsamen Prüfungskonferenzen zur Beschleunigung diskutiert. Die Idee ist es, an einem Termin zusammen die Prüfungsinhalte zu diskutieren, (einvernehmliche) Änderungswünsche festzulegen sowie die Bauunterlagen unter den verhandelten Prämissen zur Weiterbearbeitung frei zu geben. Das Thema wird kontrovers diskutiert. Welches sind die Vorteile und was spricht gegen diese Vorgehensweise? Eine zeitaufwändige Entscheidungskaskade könnte vielleicht vermieden werden. Ist ein einzelner Termin zur Prüfung einer oft mehrere Ordner umfassenden Bauunterlage ausreichend? Wieviel Zeit benötigen die Prüfungsinstanzen vorab zur Vorbereitung der Konferenz? Was passiert, wenn die Unterlage zum Beispiel nicht den Qualitätsanforderungen der LBD entspricht,[241] dem Kunden Bundeswehr jedoch bereits vorliegt? Geht damit ein Imageverlust der Bauverwaltung einher? Wer schreibt das Protokoll? Und wer trägt dafür Sorge, dass niemand das Gesicht verliert?

Bauunterlagen von Großen Baumaßnahmen für die US-Streitkräfte werden sternförmig zur gleichen Zeit an alle Prüfungsinstanzen versandt. Diese haben oft maximal vier Wochen für ihre Prüfung. Prüfungskommentare werden auf einer Internetplattform[242] für alle Planungsbeteiligten einsehbar gesammelt. Nach Ablauf dieser Prüfungszeit werden die Kommentare auf einer Konferenz gemeinsam erörtert. Während früher die Besprechung auf etwa drei Tage angesetzt und die Kommentare hierfür lediglich gesammelt wurden, ist dieser Termin inzwischen stark gekürzt. Im Gegenzug sollen die Projektanten direkt auf die entsprechenden Prüfbemerkungen im Internet eingehen. Planungsbeteiligte bemängeln, dass seither Kommentare nicht selten übersehen oder nicht ausreichend ausdiskutiert werden.

Die RBBau geben den Prüfungsprozess vor. Es ist jedoch kein Anhalt darauf zu finden, dass eine aufeinanderfolgende Prüfung zwingend vorgeschrieben ist. Eine Vorbereitung der Entscheidungsträger in einem Workshop ist in der RBBau zumindest als Möglichkeit offen gehalten.[243] Verfahrensrechtlich wären Prüfungskonferenzen aus meiner Sicht denkbar. Hinzu kommt, dass auch die Planung von Bauangelegenheiten der US-Streitkräfte neben den gültigen Verwaltungsabkommen im Übrigen auch den RBBau unterliegt.[244]

Wäre es nicht grundsätzlich denkbar in Anlehnung an dieses Modell eine Vereinbarung zwischen Bundeswehr und Bauverwaltung zu treffen, welche allen Interessen gerecht wird? Ich sehe hier einen Ansatz für Mediation, die Parteien dabei konstruktiv zu unterstützen und

---

[240] Ebenda, S. 159. Auch an anderen Orten nachzulesen.
[241] Bauunterlagen werden nicht selten unter einem hohen Zeitdruck erstellt. Zudem differieren nicht selten die Qualitätsansprüche der Beteiligten. Das Konfliktpotential sollte nicht unterschätzt werden.
[242] Design Review Checking System (DrChecks): www.eis.facilities.unc.edu/DrChecks.aspx.
[243] Vgl. Punkt 2.2.3.4 Abschnitt E RBBau, weiterhin Punkt 3.5 Anschnitt E RBBau (EW-Bau).
[244] Vgl. Abschnitt L4 RBBau (Bauangelegenheiten der Gaststreitkräfte).

die jeweiligen Interessen heraus zu arbeiten. Auch könnten abschließende Prüfungskonferenzen wie oben dargestellt von einem unabhängigen Mediator geführt werden. Dieser könnte ein Auge darauf haben, ob alle Interessen und Bedürfnisse der Beteiligten in Bezug auf den Sachverhalt ausreichend thematisiert worden sind. So könnte die Gefahr unzureichend betrachteter Prüfkommentare verringert werden. Insbesondere könnte er mit der Erstellung des Protokolls betraut werden, welches mit allen Teilnehmern abgestimmt wird. So wird das Gesicht aller gewahrt und etwaige Bedenken von vorherein ausgeräumt. Die Projektbeteiligten können ihre Aufmerksamkeit vollumfänglich auf ihre Hauptarbeit, der Prüfung der Bauunterlagen, richten.

b) Mediation in der Entwurfsplanung (EW-Bau)

In der Phase der EW-Bau wird die Struktur der Projektorganisation von der Bauverwaltung bestimmt. Sie ist ab diesem Zeitpunkt zuständig für die Gesamtkontrolle des Projektes.[245] Die Planung von Großen Bauvorhaben überträgt sie meist an freiberuflich tätige Architekten und Ingenieure. Im Allgemeinen treffen sich die Planungsbeteiligten in einem Abstand von ca. zwei Wochen zur Abstimmung. Der Nutzer wird meist insbesondere wegen der funktionalen Zusammenhänge regelmäßig beteiligt. Andere, wie die LBD als Fachaufsicht, das BAIUDBw als Maßnahmenträger[246] und das BwDLZ als späterer Betreiber werden nach Erfordernis meist in weiteren Abständen von etwa sechs bis acht Wochen hinzugezogen.[247]

Grundsätzlich wäre die Begleitung der Planungsbesprechungen von einem im Einvernehmen der Bauverwaltung mit ihren Vertragspartnern bestellten Mediator (intern und/oder extern) denkbar. Dieser könnte das Projekt auch weiter im Rahmen der Durchführung, Übergabe und Objektbetreuung weiter begleiten. Die Frage ist nur, welchen Stellenwert ein solcher Mediator beim Bauherrn und Kunden hat. Wird er ihm ebenso sein Vertrauen schenken, wenn er nicht an der Auswahl der Person beteiligt war? Ein Wechsel des Konfliktvermittlers wäre in bzw. für diesen Fall prinzipiell denkbar, meiner Meinung nach jedoch eine der schlechtesten Lösungen.

Erfolgversprechender sehe ich die weitere Betreuung eines bereits in der ES-Bau-Phase involvierten Konfliktmanagers. Er kennt alle Hintergründe, den bisherigen Projektverlauf und alle wesentlichen am Projekt beteiligten Personen. Zudem kann er potentielles Streitpotential in der Kenntnis voran gegangener Konfliktkonstellationen schneller erkennen als ein neu hinzu gekommener Mediator. Insofern wäre nicht nur eine Vereinbarung zu einer planungsbegleitenden Mediation (siehe weiter oben) zu Projektbeginn zu empfehlen, sondern viel-

---

[245] Vgl. Nummer 3 Abschnitt E in Verbindung mit Nummer 2.1 Abschnitt K2 RBBau.
[246] Zuständigkeiten und Begriffe erläutert in Kapitel A I und A II ab Seite 2.
[247] Nicht selten finden solche Planungsbesprechungen bereits in der ES-Bau-Phase statt. Etwa wenn das Bauamt die Leistung an Planungsbüros vergibt und im Rahmen der Planungsbesprechungen Abstimmungsbedarf mit den übergeordneten Behörden im Beisein der Büros besteht. Freiberufliche Büros nehmen an den zuvor vorgestellten Arbeitsgruppenbesprechungen unter der Leitung des BAIUDBw in der Regel nicht teil.

mehr eine projektbegleitende Mediation bzw. ein projektbegleitendes unabhängiges Konfliktmanagement.

Die Ausführungen aus dem vorherigen Abschnitt zur Mediation in den Entscheidungsphasen (ES-Bau) lassen sich gleichermaßen auf die nachfolgende Phase der EW-Bau übertragen. Mögliche Ansätze für eine Mediation oder Konfliktbegleitung mit mediativen Elementen wären beispielsweise die einvernehmliche Vorbereitung (Verhandlung) von Entscheidungsvorlagen. Mithilfe solcher Maßnahmen könnten einige Konflikte aufgrund nicht beachteter Interessen Dritter bereits im Vorgriff vermieden werden. Weiterhin könnten zeitraubende Stellungnahmen sowie Entscheidungskaskaden eingedämmt werden. Weitere Themen könnten die Abstimmung von Terminen, Qualitäten oder auch die Weitergabe von Informationen an die Öffentlichkeit (Presse) sein. Hinzu kommen Konflikte zwischen einzelnen Planungsbüros bzw. zwischen Bauamt und (neuen) Planungsbüro(s), etwa wenn es zu Vertragsstreitigkeiten kommt. Die Anwendungsfelder sind vielfältig, insbesondere wenn man sich nicht nur auf das reine Mediationsverfahren beschränkt, sondern auch andere alternative Streitbeilegungsverfahren (ADR-Verfahren) betrachtet.

c) Ein Fallbeispiel

Die Bauverwaltung reicht dem BMVg eine baufachlich geprüfte ES-Bau ein. Die Kostenschätzung der Planungsbüros wurde um insgesamt 10 % gekürzt. Dennoch liegt die Gesamtkostensumme weit über den zuvor veranschlagten Kosten. Das BMVg reduziert nach ihrer Prüfung die Gesamtkosten nochmals um weitere 20 %. Es werden Elemente der Planung gestrichen, welche jedoch bei weitem nicht in diesem Maße ins Gewicht fallen. Die Unterlage wird von BMVg und BMF unter deren Maßgaben genehmigt und haushaltsmäßig anerkannt. Die Bauverwaltung wird mit der Entwurfsplanung (EW-Bau) beauftragt. Es ist vorgesehen dieselben Büros für die weitere Planung zu betrauen. Am Bedarf sowie an der Grundrissgestaltung soll festgehalten werden. Der Handlungsspielraum für Kosteneinsparungen wird somit begrenzt. Für diese Büros ergibt sich nun eine Haftungsfrage: Gemäß EW-Bau-Vertrag werden sie zur Einhaltung der von BMVg und BMF festgesetzten Kostenobergrenze (KOG) verbindlich verpflichtet.[248] Stimmen sie dem Vertrag unter diesen Bedingungen zu, erklären sie hiermit, dass das Gebäude zu den genannten Konditionen realisiert werden kann. Zugleich müssen sie sich jedoch die Frage gefallen lassen, warum ihre Kostenschätzung weit darüber lag. Sofern sie den Vertrag unter diesen Bedingungen in dem Wissen annehmen, die Kosten nicht einhalten zu können, müssen sie von vornherein darauf hinweisen und dieses begründen.[249] Unterzeichnen sie den Vertrag nicht, entgeht ihnen ein lohnenswerter Auftrag. Hinzu kommt, dass ihr Honorar für die ES-Bau auf der Basis der neuen KOG deutlich unter der erwarteten Summe ausfällt.

---

[248] § 5 Nr. 5.3.1 VM 2 RBBau, S. VM 2/1 8/23.
[249] Ebenda, § 5 Nr. 5.5.1 VM 2 RBBau, S. VM 2/1 10/23.

Für den Bauherrn ergäbe sich die ungewollte Konsequenz des Zeitverzugs von mindestens sechs Monaten, sofern in weiteren Auswahlverfahren neue Planungsbüros gesucht werden müssten. Die Einhaltung zuvor festgelegter Terminziele würde hierdurch wesentlich gefährdet bzw. unmöglich. Dies könnte politische Ziele z.B. in anderen Planungen negativ beeinflussen. Weitere Konflikte sind in diesen Fällen nicht ausgeschlossen.

Eine konfrontative Beurteilung der Konfliktursachen und Verantwortlichen wird sicher mühsam und vermutlich für keinen der Beteiligten zu einem befriedigenden Ergebnis führen. Die maßgeblich Betroffenen werden sicher ausreichend Mühe haben, den durch diese Situation zusätzlich entstanden Konflikten im laufenden Arbeitsalltag Herr zu werden. Der Blick in die Vergangenheit ist zeit- und nervenaufwändig. Vielversprechender ist eine in die Zukunft gerichtete, lösungsorientierte Betrachtung des Sachverhaltes. Ein anderes Anliegen, um z.B. weitere Konflikte zu vermeiden, sollte die Wiederherstellung einer guten, konstruktiven Zusammenarbeit aller am Projekt mitwirkenden Personen, Behörden und Organisationen sein.

Hier kann sich die Mediation gewinnbringend einsetzen. Der unabhängige, neutrale und allparteiliche Mediator hilft den Parteien die Sach- und Beziehungsebene zu entflechten, ihren Blickwinkel zu verändern sowie Verständnis für die Sichtweise und die Belange der anderen Parteien zu erlangen. Dabei achtet er darauf, dass alle Parteien ihr Gesicht wahren.[250] Der Handlungsspielraum wird erweitert. Es werden neue, gemeinsam erarbeitete Lösungsoptionen sichtbar. Sobald das Vertrauen (wieder) wächst, bewegen sich die Medianten schrittweise aufeinander zu und gehen idealerweise im eigenen Interesse auf die Belange der anderen zu. In solch komplexen, eskalierten Konflikten ist die Hinzuziehung eines neutralen, unbeteiligten Dritten sinnvoll. Die Beilegung des Konfliktes durch die Betroffenen selbst, ist kaum möglich.[251]

Würde im dargestellten Fall das BMVg als Entscheidungsträger die Projektverantwortlichen auffordern Einsparvorschläge zu machen, welche Möglichkeiten ergäben sich? Sofern an Bedarf und Grundriss festgehalten wird, ergäben sich Einsparmöglichkeiten lediglich in Material (Qualitäten) und Konstruktion oder vielleicht in der Terminplanung. Ist dem Bauherrn an einer zügigen Abwicklung der Baumaßnahme gelegen, ergäbe sich auch dort wenig Spielraum. Wird die Handlungsfreiheit also von vornherein stark begrenzt, bleibt wenig Raum für kreative Lösungen, die einen Gewinn aller Betroffenen bedeuten. Die Projektverantwortlichen einigen sich z.B. einvernehmlich auf geringfügige, aber realisierbare Kostenreduktionen. Liegt den Entscheidungsträgern an signifikanten Kosteneinsparungen, könnte dieses Ergebnis in ihren Augen inakzeptabel sein. Wäre die zuvor genannte Einigung in einer Mediation erzielt worden, würde diese als gescheitert gelten. Zieht man Bedarf und Termin in

---

[250] *Flucher/Kochendörfer/v. Minckwitz/Viering*, Mediation im Bauwesen, 2003, S. 108f.
[251] Ebenda, S. 15.

die Überlegungen mit ein, vergrößert sich insgesamt der gemeinsame Handlungsspielraum. Die Frage ist: Ist jeder Anspruch unabdingbar wie gefordert umzusetzen? Oder ist ein Wunsch bedeutsamer als ein anderer? Könnten beispielweise in der Festlegung von Prioritäten, unabdingbaren Forderungen und möglichen Gestaltungsräumen bessere, für alle Beteiligten gewinnbringende Resultate erzielt werden? In einer offenen, lösungsorientierten Kommunikation und kooperativen Zusammenarbeit können viele gute Lösungen gefunden werden.

In diesem Beispiel werden Möglichkeiten und Grenzen der Mediation deutlich. Die Durchführung von Mediation zur Konsensherstellung ist in diesem Rahmen grundsätzlich möglich. Sie kann gewinnbringend für alle Beteiligten sein. Insbesondere hinsichtlich des Zeitfaktors. Es ist jedoch ein Umdenken der Mitwirkenden erforderlich. Die Mediation steht im Einklang zu dem erklärten Wunsch des BMVg für eine einvernehmliche Einigung sowie der vertrauensvollen, kooperativen und fairen Zusammenarbeit aller Beteiligten. Doch auch BMVg und BMF sind am Prozess beteiligte Parteien. Eine Mediation wird erst dann zielführend werden, wenn das erfolgreich erarbeitete Ergebnis von den Entscheidungsträgern mitgetragen werden kann. Diese sollten demnach ebenso an der Mediation teilnehmen (zumindest ein Vertreter des BMVg). Sofern die persönliche Anwesenheit aus Zeitgründen nicht möglich wäre, könnte eine einvernehmlich von den Mediationsteilnehmern bestimmte Delegation diesen, gemeinsam mit dem Mediator, Zwischenstände präsentieren. Die klare Vorgabe von Zielen sowie die Klärung der Ergebnisoffenheit zu Beginn jedes Verfahrens sind jedoch unerlässliche Bedingungen für jede weitere Verhandlung. Sie könnten beispielsweise in der Mediationsvereinbarung fixiert werden.

V. Spezifische Anforderungen an den Mediator

Die wichtigsten Anforderungen für einen Mediator in diesem Bereich sind seine mediatorischen Fähigkeiten, seine Ausbildung, sowie Erfahrungen insbesondere mit ähnlichen Vorhaben und komplexen Baukonflikten. Zu seinem erforderlichen Fachwissen gehören beispielsweise umfassende Kenntnisse der Grundlagen und Methoden der Mediation. Des Weiteren muss er versiert sein auf dem Gebiet der Konflikttheorie (Konfliktursachen, -tiefen, -arten, -typen, Konfliktdynamik etc.). Er sollte auch unterschiedliche Deeskalationsstrategien sowie Kommunikationsmethoden beherrschen.

Soziale Kompetenzen, Einfühlungsvermögen (Empathie) und umfangreiche Sachkenntnisse aus der psychologischen Sicht im Umgang mit Konflikten sind ebenso wichtige Voraussetzungen. Hinzu kommen das systemische Sachverständnis für komplexe Organisationen, Verwaltungsvorgänge und weit vernetzte Konfliktstrukturen (-situationen). Er muss in der Lage sein sich einen Überblick in diesen vielschichtigen Problemkonstellationen zu verschaffen und diesen stets zu behalten. Daher sind auch eine gute Strukturierung sowie Methoden des (Projekt-)Managements erforderlich.[252]

Ein technisch-kaufmännischer Sachverstand ist meiner Meinung nach vor allem wegen der vielen ineinandergreifenden, weitschichtigen Sachverhalte von Vorteil. Die Mehrzahl der Konflikte wird sich im technischen und/oder wirtschaftlichen Bereich bewegen. Um diese Problemfelder zur Vermeidung von Konflikten überhaupt erkennen zu können wird er diesen Sachverstand benötigen, auch um die Bedeutung des Konflikts im Kontext des Projektes zu erfassen. Ein Sachverständiger könnte in Einzelfällen theoretisch in der sogenannten mediativen Sachverständigenvermittlung[253] stärker in die Verhandlung der Parteien eingreifen und Vorschläge machen. Ich sehe dies jedoch kritisch. Der Mediator muss neutral und unparteiisch sein. Er muss von allen Beteiligten bestätigt werden. Das Vertrauen in den Mediator von allen am Verfahren beteiligten Parteien ist essentiell. Dieses Vertrauen könnte durch aktive Interventionen des Mediators vor allem in hoch eskalierten Konflikten Schaden nehmen. Insbesondere wenn dieser, wie empfohlen, projektbegleitend tätig ist. In der Regel sollte hiervon durch seine Person, meiner Meinung nach, Abstand genommen werden. Andere Regelungen sind im Einvernehmen mit den Parteien jedoch denkbar.

Juristische Kenntnisse sind von Vorteil. Doch jede der Behörden verfügt über eine eigene Rechtsabteilung. Auch viele große Planungsbüros haben eigene Juristen, die sie fachkundig beraten. Aus Gründen der Neutralität – wie zuvor dargestellt – sollte ein juristisch versierter Mediator die Parteien nicht rechtlich beraten. Zumindest nicht wenn es zum Vorteil von nur einer einzelnen oder einzelner Personen ist. Rechtskenntnisse sind vielmehr für den eigenen

---

[252] *Flucher/Kochendörfer/v. Minckwitz/Viering*, Mediation im Bauwesen, 2003, S. 11-13.
[253] Ebenda, S. 8 und ab S. 33. Eine von den Herausgebern definierte Methode.

Überblick wertvoll. Des Weiteren helfen sie einzuschätzen, zu welchem Zeitpunkt den Parteien zumindest zu empfehlen ist, sich juristischen Rat einzuholen.

Dem Mediator obliegt lediglich die Verantwortung für das Verfahren. Er hat keinerlei Entscheidungsbefugnis und auch keine Führungsverantwortung. Seine Neutralität und Allparteilichkeit sind Grundvoraussetzung für seine Akzeptanz bei den am Projekt Beteiligten. In Konflikten mit einem hohen Eskalationsgrad ist dies besonders wichtig. Er sollte die Strukturen der Behörden kennen und mit den Hierarchiespielregeln[254] vertraut sein. Die Missachtung dieser Spielregeln – wenn auch unbewusst – sind nicht selten Anlässe für Auseinandersetzungen.

Hinsichtlich der zuvor dargestellten Möglichkeiten für die Umsetzung einer planungsbegleitenden Mediation in diesem Verfahren, halte ich das Wissen um weitere alternative Streitbeilegungsverfahren für ebenso wichtig. In Abhängigkeit der Situation und Problemstellung sollten, individuell auf den Fall bezogen, geeignete Maßnahmen und Verfahren ausgewählt werden. Dies kann ein kurzes Klärungsgespräch, eine Moderation, ein informelles Verfahren, eine Mediation, Schlichtung sein, oder auch eine Entscheidung durch den Vorgesetzten. Es handelt sich bei dem Mediator im Grunde mehr um einen *Konfliktmanager*. Ideal ist, wenn er mehrere dieser genannten Verfahren beherrscht, zusätzlich z.B. noch die Moderation, Coaching oder Supervision.

Denkbar ist auch die Begleitung durch ein Team, was je nach Projektgröße und Anforderung ohnehin im Einzelfall betrachtet werden sollte. Die Frage der Finanzierung wird dabei sicherlich eine nicht unerhebliche Rolle spielen. Denkbar ist aber auch ein Mediatoren-Team etwa für bestimmte Situationen, z.B. bei ausgeprägten Konflikten. Beispielsweise könnte ein ständig anwesender, technisch-wirtschaftlich versierter Mediator von einem mediatorisch ausgebildeten Juristen unterstützt werden. Co-Mediationen bieten sich in sehr komplexen Verfahren an, etwa wenn viele Parteien beteiligt sind. Auch die Beauftragung von Sachverständigen für spezielle Gutachten oder Fragestellungen in den Projekten ist eine Möglichkeit das Gesamtwissen zur Lösung von Problemen zu erweitern. Dies wird in der Baubranche bereits häufig genutzt. Der Gutachter sollte hinsichtlich des Vertrauens aller in sein Gutachten, vor allem in konfliktträchtigen Zeiten, von den Parteien gemeinsam ausgewählt werden.

---

[254] *Thomann*, Klärungshilfe 2 Konflikte im Beruf: Methoden und Modelle klärender Gespräche, 2004, S.189 – 229.

VI. Exkurs: Die strukturelle Integration von Konfliktmanagement

1. Rechtliche Aspekte zur Realisierbarkeit

Die Einrichtung einer Stelle für ein übergeordnetes Konfliktmanagement im Geschäftsbereich des Bundesministeriums der Verteidigung (BMVg) ließe sich anhand der Organisationsgrundsätze in der GGO[255] begründen. Die Zentralisierung gleichartiger Aufgaben wird gemäß § 3 Absatz 4 GGO befürwortet, sofern die Wirtschaftlichkeit und Zweckmäßigkeit gegeben ist. Weiterhin besteht die Forderung, dass organisatorische Maßnahmen „die selbstständige, eigenverantwortliche sowie kosten- und qualitätsbewusste Wahrnehmung der Aufgaben unterstützen und gleichzeitig dazu beitragen, die Motivation und Arbeitszufriedenheit der Mitarbeiterinnen und Mitarbeiter zu verbessern."[256] An dieser Stelle sei nochmals auf die Konfliktkosten-Studie der KPMG AG (2009) verwiesen welche belegt, dass bis zur Hälfte der Arbeitszeit, insbesondere der Führungskräfte, für die Beilegung von Streitigkeiten verwendet werden.[257]

Ein zentralisiertes Konfliktmanagement schont vorhandene Ressourcen und wirkt sich leistungssteigernd und kostensenkend aus. Organisatorische Maßnahmen zur Streitbeilegung werden Professionalisiert. Die Belegschaft wird adäquat in der Bewältigung von Kontroversen durch Konfliktmanager unterstützt und entlastet. Zu den Aufgaben der Konfliktmanager gehört zum Beispiel die jeweils fallbezogene Auswahl der Maßnahmen und Verfahren in Zusammenarbeit mit den betroffenen Kollegen. Weiter bereiten sie die Verfahren vor oder helfen hierbei, wenn z.B. externe Mediatoren in hoch eskalierten Konflikten zur Durchführung des Verfahrens hinzugezogen werden. In niedrig eskalierten Streitigkeiten könnten sie Mediationen selbst durchführen. Idealerweise halten sie auch Schulungen für ihre Kolleginnen und Kollegen. Die Einrichtung einer internen, übergeordneten Stelle für Konfliktmanagement bildet somit eine gute, qualifizierte Ergänzung der Behörde. Durch die Integration einer ausreichend besetzten fachkundigen Stelle können in vielen Bereichen der Organisation gleichzeitig Kapazitäten (wieder) geschaffen werden. Hinzu kommen die Stärkung der kooperativen Zusammenarbeit, die Bereitschaft zur Übernahme von Verantwortung und die Förderung der Kreativität der Mitarbeiterinnen und Mitarbeiter. Neben den aktiven, internen Fortbildungen lernen betroffene Kollegen allein schon im konkreten Verfahren den fachgerechten Umgang mit Konflikten. Sie sind als Experten ihres Streits immer aktiv und selbstverantwortlich dabei.

Weitere Aspekte für eine mögliche Umsetzung im BMVg finden sich in den §§ 4 und 7 GGO.[258] Es empfiehlt sich eine solche Organisationseinheit als Stabsstelle einzurichten.

---

[255] Kapitel 2 Organisationsgrundsätze §§ 3 - 4 GGO.
[256] § 4 Absatz 2 GGO.
[257] Mehr hierzu in der Schlussfolgerung in Kapitel B IV, auf Seite 31.
[258] § 4 Absatz 6 - 7 GGO „Erprobung und Einführung, Förderung von Verbesserungsvorschlägen" und § 11 Absätze 2 - 3 GGO „Fürsorgepflicht des Vorgesetzten, Möglichkeit der Kontrolle und Evaluierung der Maßnahmen im Erfahrungsaustausch".

Somit kann ihre Unabhängigkeit gewahrt sowie ihre Akzeptanz in den Organisationseinheiten bereichsübergreifend in allen Hierarchieebenen gewährleistet werden. Ihnen wird damit die gleichzeitige Unterstützung der Kolleginnen und Kollegen aller Referate und Abteilungen ermöglicht. Die Grundlage für diese Stabsstelle kann aus dem § 10 Absatz 2 GGO („Einrichtung von Organisationseinheiten mit Stabsfunktion") abgeleitet werden. Es wäre ebenso die Integration z.B. in eine vorhandene Rechtsabteilung denkbar.

2. Ein Institutionalisiertes Konfliktmanagementsystem (KMS)

Erweitert man das Blickfeld auf weitere Anwendungsbereiche, spricht vieles für die Einrichtung eines umfassenden Konfliktmanagementsystems (KMS).[259] Streitereien können in allen möglichen Bereichen aufkommen und sich auf die Arbeit und Leistung der Mitarbeiterinnen und Mitarbeiter nachteilig auswirken. Die Konfliktfelder einer Behörde sind vielfältig. Sie sind vergleichbar mit Problemfeldern eines Unternehmens. Die Etablierung eines ganzheitlichen Systems, zur nachhaltigen Bewältigung von Konflikten in allen Bereichen der Behörde, bietet die Möglichkeit für diese ein spezifisches Konfliktprofil zu erstellen. Anhand dessen können z.B. Zeitpunkt und Art der Interventionen abgelesen werden, etwa wann Handlungsbedarf besteht, oder wann, was berichtet werden muss.[260]

Eine Studienreihe (2005 – 2015) des Instituts für Konfliktmanagement der Europa-Universität Viadrana (EUV), welche sie in Zusammenarbeit mit der PricewaterhouseCoopers AG (PwC) durchführt, befasst sich mit genau diesem Thema. Unter anderem haben sie den im Jahr 2008 gegründeten *Round Table Mediation und Konfliktmanagement der deutschen Wirtschaft* (RTMKM)[261] wissenschaftlich begleitet. Namhafte Unternehmen wie SAP AG, E.ON Kernkraft GMBH, Deutsche Bahn AG, Siemens AG, Audi AG, EnBW AG oder die Fraunhofer Gesellschaft und viele weitere, tauschen sich in diesen Runden regelmäßig aus. Ziel ist Konfliktmanagement in ihren Unternehmensstrukturen dauerhaft organisatorisch zu verankern. Die Ergebnisse aus diesen Studien lassen sich, meine ich, grundsätzlich auch auf Behörden übertragen, da sich die Problemstellungen im Innenverhältnis von Behörden und Unternehmen zumindest ähnlich sind.[262]

---

[259] Vgl. hierzu auch die Ausführungen in Kursnr. 71080/2: *Kostka/Röchling/Schmidt,* Innerbehördliche Mediation, 2014, S. 32.
[260] Conflict Spiders als Kontrollinstrument: „Konfliktsensibilität" und Interventionsschwelle werden Bereichsspezifisch gemessen z.B. in % oder € in einem Netz dargestellt. Nachzulesen in *PricewaterhouseCoopers AG/Europa-Universität Viadrana* (Hrsg.), Studie IV: „Konfliktmanagement als Instrument werteorientierter Unternehmensführung", 2013, S. 67f.
[261] Eine Initiative zur Gründung eines „Round Table Mediation [und Konfliktmanagement] in der Deutschen Verwaltung" begann 2013 mit ersten Gesprächen. Nachzulesen in Kursnr. 71080/2: *Kostka/Röchling/Schmidt,* Innerbehördliche Mediation, 2014, S. 6.
[262] Vgl hierzu auch Kursnr. 71080/2: *Kostka/Röchling/Schmidt,* Innerbehördliche Mediation, 2014, S. 32.

Ausgehend von einer in der ersten Studie (2005) festgestellten Diskrepanz zwischen der Vorstellung und dem Handeln der Unternehmen bei der Bearbeitung von Konflikten, entwickelte die EUV ein Komponentenmodell für ein KMS.[263] Die Unternehmensspezifischen Elemente *Kommunikation, Qualitätssicherung* und *Verfahrensstandards* bilden den Rahmen. Die wesentlichen Handlungsschritte erfolgen von den *Konfliktanlaufstellen* über *systematische Maßnahmen- und Verfahrenswahl* zur *Konfliktbearbeitung*. Die Rollen Anlaufstelle, Konfliktbearbeitung und Qualitätssicherung sollten voneinander getrennt werden. Um die Funktion des KMS zu gewährleisten sind diese sechs Elemente zentral zu steuern und zu koordinieren. Das beschriebene Komponentenmodell hat keine präventive Wirkung, es eignet sich für die adäquate Bearbeitung bestehender Konflikte. Jedoch muss es in die bestehende Unternehmensstruktur integriert und verknüpft werden. So kann es jenes sinnvoll ergänzen. Im Idealfall entsteht dabei ein Gesamt-KMS, welches sich mit bestehenden Einrichtungen wie Personal-, Rechts- oder Vertragsabteilung sowie Personal- und Behindertenrat etc. zu einem großen Ganzen vernetzt.[264] Die Rollen und Kompetenzen müssen, um Konflikte zu vermeiden, genau zugewiesen und verteilt sein.[265]

Bezogen auf das Verfahren von Bundesbauangelegenheiten wären z.B. die Projektleiter und Führungskräfte, Anlaufstellen für aufkommende Probleme. Aber auch die Personalstelle oder der Personalrat z.B. in arbeitsrechtlichen Belangen oder die Rechts-/Vertragsabteilungen im Falle von Streitigkeiten in Vertragsangelegenheiten bilden mögliche Anlaufstellen. Wesentlich ist deren Vernetzung miteinander, um potentielle Auswirkungen, auch in den Projekten, frühzeitig zu bearbeiten. Die Konfliktbewältigung sollte, abhängig von der gewählten Maßnahme, zur Gewährleistung der Objektivität und Qualität an andere, qualifizierte Konfliktmanager übertragen werden. Ein erster Schritt zur Qualitätskontrolle, zumindest bezogen auf das Projekt, sind die dort angefertigten Protokolle und Dokumentationen. Im Sinne des Gesamt-KMS sollten jedoch auch übergeordnet Dokumentationen und Erhebungen (Evaluationen) durchgeführt werden. Dies muss immer unter der Maßgabe, der Vertraulichkeit geschehen.

Teil der zuletzt veröffentlichten, vierten Studie ist weiterhin die Analyse und Entwicklung von Steuerungsmethoden für die Bearbeitung von Konflikten. Anhand der Schadenswerte und des Eskalationsgrades eines Konflikts werden sie in einer *Conflict / Risk Map* abgebildet. Das Unternehmen (die Behörde) erkennt darin, gemessen an unternehmensspezifisch definierten Toleranzbereichen, die Dringlichkeit ihres Handlungsbedarfes. Weitere Visualisierungen in einer *Conflict Spider* geben Aufschluss darüber, wie die Kosten- und Schadens-

---

[263] *PricewaterhouseCoopers AG/Europa-Universität Viadrana* (Hrsg.), Studie IV: „Konfliktmanagement als Instrument werteorientierter Unternehmensführung", 2013, S. 18 in Verbindung mit Studie III „Konfliktmanagement. Von den Elementen zum System", 2011, S. 18f.

[264] Vgl. Ebenda, Studie IV: „Konfliktmanagement als Instrument werteorientierter Unternehmensführung", 2013, S. 28-32.

[265] Ebenda, Vgl. hierzu auch Studie III „Konfliktmanagement. Von den Elementen zum System", 2011, S. 29-33 und 72f.

werte einzelner Konflikte sich zusammensetzen und mit der Zeit verändern.[266] Mithilfe dieser Werkzeuge lassen sich Modelle der Konfliktsensibilität individuell auf ein Unternehmen veranschaulichen und ein speziell auf dieses abgestimmtes Handlungsprofil erstellen.[267]

Die Studie gibt einen umfassenden Überblick über die Möglichkeiten und Voraussetzungen für ein institutionalisiertes Konfliktmanagementsystem. Dabei wurden verschiedene Modelle von namhaften Unternehmen der deutschen Wirtschaft betrachtet und analysiert. Weiterhin wurden Vertreter diverser Unternehmen interviewt. Ihre Erfahrungen sind in die Entwicklung der oben genannten Steuerungsmethoden mit eingeflossen. Die fünfte und letzte Studie beschäftigt sich laut Vorankündigung mit der Leitfrage, inwieweit ein Wechsel stattgefunden hat im Konfliktmanagement der Unternehmen und in welchem Ausmaß. Mit dem Abschluss wird ein übersichtliches Kompendium vorliegen.[268] Ich glaube, dass es vielen weiteren interessierten Organisationen und Behörden eine Hilfe sein wird, in ihren Überlegungen zur Integration von Konfliktmanagement innerhalb ihrer Strukturen und eine gute Basis für weitere Überlegungen aus dieser Untersuchung.

---

[266] Ebenda, Studie IV: „Konfliktmanagement als Instrument werteorientierter Unternehmensführung", 2013, S. 32-55.
[267] Ebenda, ab S. 67.
[268] Das Ergebnis der fünften Studie war für das Jahr 2015 angekündigt, zum Fertigstellungszeitpunkt dieses Buches jedoch noch nicht veröffentlicht.

E. Zusammenfassung und Ausblick

Die Integration der Mediation in der Projektentwicklung von Bauvorhaben des Bundes ist prinzipiell möglich. Meiner Meinung nach würde die Akzeptanzbeschaffung in den Behörden, insbesondere in der Bayerischen Bauverwaltung, eine der größten Herausforderungen in der Umsetzung darstellen. Ich stimme mit den Autoren Kostka/Röchling/Schmidt überein, dass die Etablierung von Mediation „im Innenverhältnis [von Behörden] nur als Teil eines institutionalisierten Konfliktmanagements praktisch und nachhaltig einsetzbar ist.“[269] Die traditionellen Konfliktlösungsstrukturen über die Hierarchieebenen sind in den Köpfen tief verwurzelt. Zudem sind sie in diversen Erlässen und Geschäftsordnungen verankert.

Doch sie bilden nur einen kleinen Teil einer Bandbreite von Verfahren für die Beilegung von Meinungsverschiedenheiten ab. Am Markt vorhandene Möglichkeiten zur Regelung von Konflikten werden nicht ausgeschöpft.[270] Mediation wird für eine positive und nachhaltige Ergänzung alleine nicht ausreichen. Vielmehr ist eine ganze Spannweite verschiedenster Formen von Vermittlung, je nach Konstellation und Lage, im Einzelfall zu betrachten. Sie müssen unter anderem mit den Verfahrensvorschriften (RBBau) in Einklang gebracht werden.

Alternative Konfliktlösungsverfahren wie die Mediation können jedoch von großem Nutzen für alle beteiligte Behörden und Personen sein. Sie erspart den Betroffenen Zeit, Kosten und Nerven. Ressourcen werden geschont und Kapazitäten frei geschaufelt. Die Erhaltung, in manchen Fällen auch Verbesserung, der Geschäftsbeziehungen ist ein weiteres Plus für die Mediation. Konfliktlösungen und Verhandlungsergebnisse werden aufgrund der gemeinsam auf Interessen basierenden Betrachtung nachhaltiger. Sie werden von allen gleichermaßen akzeptiert, weil jeder davon profitiert. Hierdurch steigt auch die Kosten- und Terminsicherheit der Projekte. An die Stelle der immerwährenden *Brandlöschung* tritt eine Kultur des präventiven Konfliktmanagements.[271] Probleme werden vermieden und nicht mehr in letzter Sekunde irgendwie gelöst. Die Projektbeteiligten lernen hilfreiche, neue Methoden im Umgang mit Konflikten und erweitern ihre Fähigkeiten im sozialen Bereich sowie in der Kommunikation. Deren Bereitschaft zur Übernahme von Eigenverantwortung wird ebenso gefördert wie ihre Kreativität. Dies regt an zu motiviertem und leistungsorientiertem Arbeiten.

---

[269] Kursnr. 71080/2: *Kostka/Röchling/Schmidt,* Innerbehördliche Mediation, 2014, S. 32.
[270] Ein guter Überblick möglicher Verfahrensalternativen findet sich zum Beispiel in *The U.S. Army Corps of Engineers,* „Executive Seminar on Alternative Dispute Resolution (ADR) Procedures" (Übersicht auf S. 25) sowie an einigen anderen Orten, wie zum Beispiel Kursnr. 71080/2: *Kostka/Röchling/Schmidt,* Innerbehördliche Mediation, 2014, S. 19f oder *Glasl,* Konfliktmanagement, 2013.
[271] *Flucher/Kochendörfer/v. Minckwitz/Viering,* Mediation im Bauwesen, 2003, S. 81.

„Konflikt- und Risikomanagement sind neben Erfolgreich im Team, Erfolgreich Führen, Burnout vermeiden und der Seminarreihe Kommunikative Kompetenzen wie Hilfen für den Mitarbeiteralltag, Stressbewältigung, Motiviert und erfolgreich arbeiten, die meist gebuchten Seminare. Die Anforderungen der Arbeitswelt sind vielfältiger denn je, wodurch soziale Kompetenzen vermehrt an Bedeutung gewinnen. Eine gezielte und regelmäßige Weiterbildung hilft bereits erworbene Kompetenzen auf neue Herausforderungen zu übertragen."[272]

Das Vorwort des Leiters der Obersten Baubehörde (OBB) in Bayern zum Fortbildungsprogramm 2015 zeigt sehr anschaulich, dass der Wunsch der Beschäftigten in der Bayerischen Bauverwaltung nach Möglichkeiten zur persönlichen Entlastung durch die Erweiterung der eigenen Fähigkeiten, auch im Konfliktmanagement, groß ist. Wie wäre es, wenn sie eine weitere Unterstützung für die eigenen Konflikte in den Projekten im Arbeitsalltag bekämen? Wenn sie die Möglichkeit einer fortwährenden Weiterbildung nutzen könnten? Sind es nicht vor allem die Erfahrungen, die man am eigenen Leib – in diesem Fall im eigenen Projekt – macht, aus denen man am nachhaltigsten lernt? Mit einer zusätzlichen, speziell ausgebildeten Fachkraft, welche sich nur auf die (präventive) Regelung von Konflikten konzentriert, könnte dieses gewährleistet werden. Gehen wir davon aus, dass mindestens etwa 10 Beschäftigte des Bauamtes an einem großen Projekt zusammenarbeiten. Hinzu kommen die Fachkräfte z.B. in der LBD. Gehen wir nun davon aus, dass ein professioneller Konfliktmanager, allein durch die Strukturierung und Vorbereitung von Konflikten, jeden einzelnen um mindestens 10 % in seiner Arbeit entlasten kann. Wären die Kosten für diesen hierdurch nicht bereits gedeckt? Ein Versuch wäre es meine ich wert.

---

[272] *Ministerialdirektor Helmut Schütz*, Leiter der Obersten Baubehörde (OBB) in Bayern, Vorwort zum Fortbildungsprogramm 2015 der OBB.

Anhang

<u>Schaubild zu Teil A III (Verfahrensstruktur zur Projektplanung):</u>

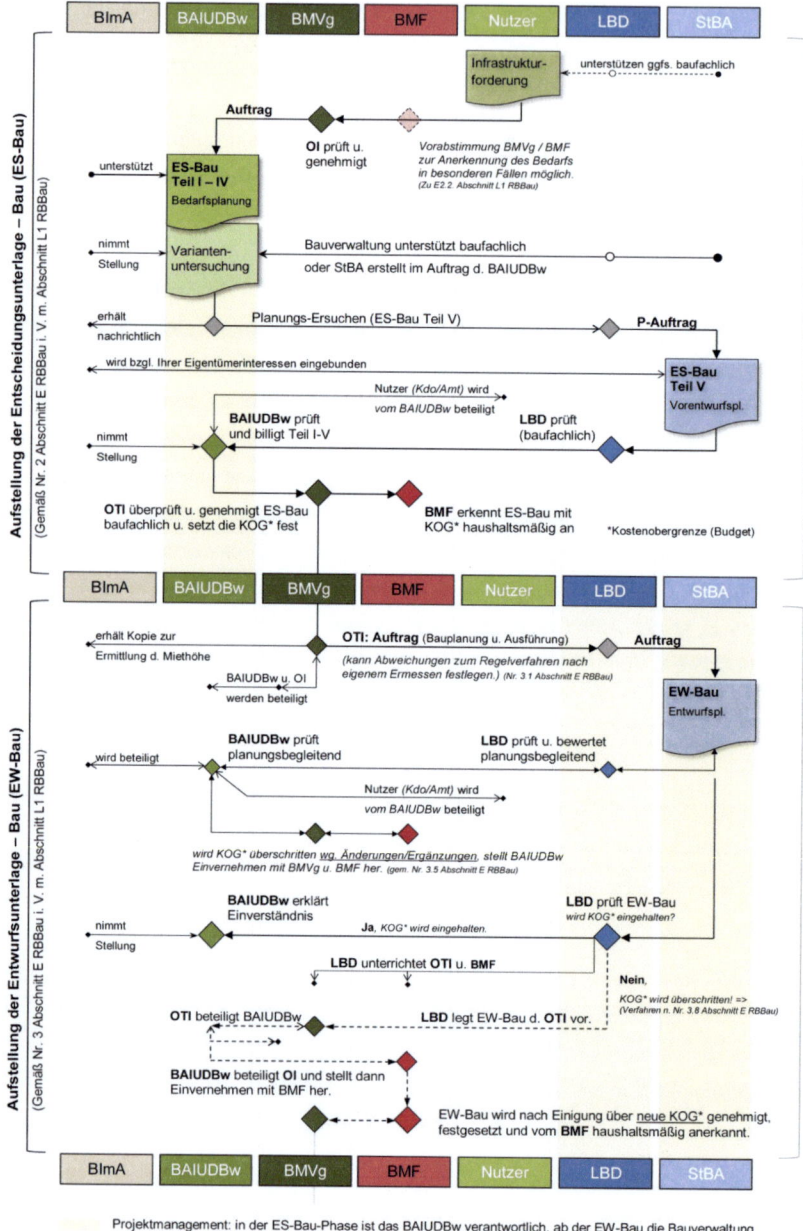

Abbildung 6: **Planungsverfahren für Große Baumaßnahmen im BMVg**

66

Literaturverzeichnis

Ahrens, Hannsjörg/Bastian, Klemens/Muchowski, Lucian, Handbuch Projektsteuerung – Baumanagement, 5., durchgesehene Auflage, Stuttgart 2014.

Auferkorte-Michaelis, Nicole/Michaelis, Lars/Rösch, Sven, Kommunikation – Grundlage mediativer Verfahren (Teil 1), Hagen 2013.*

Ballreich, Rudi/Glasl, Friedrich, Konfliktmanagement und Mediation in Organisationen, Stuttgart 2011.

Bierbrauer, Günther, Verhandeln und Mediation im interkulturellen Kontext, (Stand 2008), Hagen 2013.*

Bolten Jürgen/Herzog, Julia/Kriegel, Katharina, Interkulturelle Kommunikation, (Stand 2008), Hagen 2013.*

Breidenbach, Stefan/Gläßer, Ulla, Die Selbstverantwortung der Konfliktparteien, (Stand 2007), Hagen 2013.*

Bundesverband der Mediation e.V. (Hrsg.), Fachzeitschrift Spektrum der Mediation „Medfiation in Planen und Bauen", 21. Ausgabe, Kassel 1. Quartal 2006.

CPM Communication Presse (Hrsg.), Deutsche Bundeswehr, Folge 4, 10.4 Die „neue" Wehrverwaltung, St. Augustin, Stand Juni 2012. Abrufbar unter http://www.cpm-st-augustin.de/fileadmin/images/buecher/deutsche-bundeswehr/10-4.pdf.

Drews, Günter/Hillebrand, Norbert/Kärner, Dr. Martin/Peipe, Sabine/Rohrschneider, Uwe, Praxishandbuch Projektmanagement, Freiburg 2014.

Duss-von-Werdt, Joseph, Mediation in Europa, (Stand 2009), Hagen 2013.*

Faller, Dorothea/Faller, Kurt, Innerbetriebliche Wirtschaftsmediation. Strategien und Methoden für eine bessere Kommunikation, Frankfurt 2014.

Faller, Kurt/Heidbreder, Bärbel (Hrsg.), Systemdesign, die Entwicklung von Konfliktmanagementsystemen in Unternehmen, Organisationen und Verwaltungen, Ruhr-Universität Bochum, 2012.

Fisher, Roger/ury, William/Patton, Bruce, Das Harvard-Konzept: der Klassiker der Verhandlungstechnik, Limitierte Sonderauflage, Jubiläumsausgabe, Frankfurt 2014.

Flucher, Thomas/Kochendörfer, Bernd/von Minckwitz, Ursula/ Viering, Markus (Hrsg.), Mediation im Bauwesen, Darmstadt 2003.

Gaugl, Hans-Jürgen, Politische Machtspiele – Schlachtfeld oder Chance Braucht unsere Demokratie Mediation?, Heidelberg 2015.

Glasl, Friedrich, Konfliktmanagement. Ein Handbuch für Führungskräfte, Beraterinnen und Berater, 11., aktualisierte Auflage, Stuttgart 2013.

Haft, Fritjof/von Schlieffen, Katharina (Hrsg.), Handbuch Mediation, 2. Auflage, München 2009.

Hammacher, Peter, Mediation während der Auftragsabwicklung in Spektrum der Mediation, Nr. 21/1. Quartal 2006, S. 20.

Hehn, Markus, Ursprünge der Mediation sowie Entwicklung und Stand der Mediation in Deutschland, Hagen 2013.*

Jacoby Christian (Hrsg.), Arbeitshilfe Nachhaltiges Konversionsflächenmanagement – entwickelt am Beispiel der Militärkonversion in Schleswig-Holstein, Neubiberg 2011. Abrufbar unter www.unibw.de/ivr/raumplanung/forschung/refina-kom.

Kessen, Stefan/Troja, Markus/Zilleßen, Horst/Hehn, Marcus/Runkel-Hehn, Sabine, Mediation im öffentlichen Bereich - Teil 1, (Stand 2011), Hagen 2013.*

Kostka, Dieter/Röchling, Alexander/Schmidt, Frank H., Innerbehördliche Mediation, Hagen 2014.*

Kostka, Dieter/Schmidt, Frank H., Mediation im öffentlichen Bereich auf kommunaler Ebene, Hagen 2014.*

Montada, Leo, Psychologie der Mediation - Teile 1 und 2, (Stand 2012), Hagen 2013.*

Montada, Leo/Kals Elisabeth, Mediation: psychologische Grundlagen und Perspektiven, 3. Auflage, Weinheim 2013.

Oppler, Peter, Mediation im Baurecht, (Stand 2006), Hagen 2013.*

Perschel, Wolfgang, Mediation und Demokratie, (Stand 2004), Hagen 2013.*

Sari, Cemal/Schön, Selina (Hrsg.), Konfliktmanagement. Mediation als Instrument zur Entwicklung in Unternehmen, Organisationen und Verwaltungen, Ruhr-Universität Bochum, 2015.

Schmidt, Klaus, Perspektiven auf den Konflikt, Hagen 2013.*

Schweizer, Adrian, Konflikte und wie wir sie lösen, (Stand 2007), Hagen 2013.*

Thomann Christoph, Klärungshilfe 2 – Konflikte im Beruf: Methoden und Modelle klärender Gespräche, vollständig überarbeitete und erweiterte Neuausgabe, Reinbeck bei Hamburg, Januar 2004.

Trossen, Arthur, Integrierte Mediation, Hagen 2014.*

Watzlawick, Paul, Wie wirklich ist die Wirklichkeit? Wahn, Täuschung, Verstehen, 13. Auflage, München 2013.

Wolsing, Norbert, Mediation bei Projektplanungen der öffentlichen Hand in Spektrum der Mediation, Nr. 21/1. Quartal 2006, S. 28.

* Skriptenreihe der FernUniversität Hagen

Erlasse, Richtlinien

Bayerische Staatsregierung, Leitlinien zur Führung und Zusammenarbeit in der Bayerischen Staatsverwaltung, Bekanntmachung vom 2. Juli 2007 Erlass: Az.: BI1-1551-20-22-5. Abrufbar unter www.km.bayern.de/download/1443_leitlinien.pdf.

Bundesministerium für Verteidigung (BMVg), Allgemeiner Umdruck Nr. 151, Baufachliche Richtlinien für die Durchführung von Baumaßnahmen der Bundeswehr (BFR), Bonn 18. Juli 2011.

Bundesministerium für Verteidigung (BMVg), Allgemeiner Umdruck Nr. 150 VS-NfD, Grundsätzliche Militärische Infrastrukturforderung für eine Truppenunterkunft (GMIF Truppenunterkunft), o.O. Stand: Dezember 2012.

Bundesministerium für Verteidigung (BMVg), Erlass (Durchführung von Baumaßnahmen der Bundeswehr – Wahrnehmung von Aufgaben im Bereich des BAIUDBw), Bonn 20. August 2013.

Bundesministerium für Verteidigung (BMVg), Erlass (Grundsätze für die Spitzengliederung, Unterstellungsverhältnisse und Führungsorganisation im BMVg und der Bw), Dresden 21. März 2012.

Bundesministerium für Verteidigung (BMVg), Erlass (Richtlinien für die Durchführung von Bauaufgaben des Bundes (RBBau), Änderung der Verfahren nach Abschnitt L1), Bonn 15. April 2011.

Dachvereinbarung zwischen dem Bundesministerium der Verteidigung (BMVg) und dem Bundesministerium der Finanzen (BMF) sowie der Bundesanstalt für Immobilienaufgaben (BImA), zur Umsetzung des Gesetzes über die Bundesanstalt für Immobilienaufgaben (BImAG) im Geschäftsbereich des BMVg vom 17. April 2009.

Richtlinien für die Durchführung von Bauaufgaben des Bundes:

Bundesministerium für Umwelt, Naturschutz, Bau und Reaktorsicherheit (BMUB), Richtlinien für die Durchführung von Bauaufgaben des Bundes (RBBau), Ausgabe 1970 mit Ergänzungen bis 16. Austauschlieferung und Grundwerk bis 19. Austauschlieferung mit Aktualisierungen, Onlinefassung – Stand 12. Januar 2015. Abrufbar unter www.fachinfoboerse.de.

Studien und Broschüren

Bayerisches Staatsministerium des Innern, für Bau und Verkehr (BayStMI) (Hrsg.), Wir stellen uns vor, München, Stand Februar 2015. Abrufbar unter https://www.stmi.bayern.de/assets/stmi/min/stmi_hausbroschuere2014-02_rz++bf.pdf.

Bayerisches Staatsministerium des Innern, für Bau und Verkehr (BayStMI), HEIMATSTRATEGIE, Regionalisierung von Verwaltung - Behördenverlagerungen 2015, o.O., 2015, Abrufbar unter http://www.stmflh.bayern.de/landesentwicklung/verlagerungen/, zuletzt aufgerufen am 28.08.2015.

Bundesministerium für Verteidigung (Hrsg.), Die Neuausrichtung der Bundeswehr – Nationale Interessen wahren – Internationale Verantwortung übernehmen – Sicherheit gemeinsam gestalten, 2. vollständig aktualisierte Ausgabe, Berlin März 2013. Abrufbar unter http://www.bmvg.de/.

Bundesministerium für Verteidigung (Hrsg.), Die Stationierung der Bundeswehr in Deutschland, Berlin 26. Oktober 2011. Abrufbar unter http://www.bmvg.de/.

KPMG AG, Konfliktkostenstudie. Die Kosten von Reibungsverlusten in Industrieunternehmen, Frankfurt, 2009, Abrufbar unter: http://seventools.at/wp-content/uploads/2014/12/KPMG_Konfliktkostenstudie.pdf.

KPMG AG/Unternehmerschaft Düsseldorf und Umgebung e.V./A.C.P./Akademie Lichtenauer, Best Practise, Konflikt(kosten)-Management 2012 – Der wahre Wert der Mediaton, Frankfurt, 2012, Abrufbar unter: http://dzkk.de/PDF/konfliktkosten-management2012.pdf.

PricewaterhouseCoopers AG Wirtschaftsprüfungsgesellschaft & Europa-Universität Viadrana Frankfurt/Oder (Hrsg.), Studie IV „Konfliktmanagement als Instrument werteorientierter Unternehmensführung", 2013.

PricewaterhouseCoopers AG Wirtschaftsprüfungsgesellschaft & Europa-Universität Viadrana Frankfurt/Oder (Hrsg.), Studie III „Konfliktmanagement. Von den Elementen zum System", 2011.

PricewaterhouseCoopers AG Wirtschaftsprüfungsgesellschaft & Europa-Universität Viadrana Frankfurt/Oder (Hrsg.), Studie II „Praxis des Konfliktmanagements deutscher Unternehmen-Ergebnisse einer qualitativen Folgestudie zu „Commercial Dispute Resolution. Konfliktbearbeitungsverfahren im Vergleich", 2005.

PricewaterhouseCoopers AG Wirtschaftsprüfungsgesellschaft & Europa-Universität Viadrana Frankfurt/Oder (Hrsg.), Studie I „Commercial Dispute Resolution. Konfliktbearbeitungsverfahren im Vergleich", 2005.

Internetquellen

„Etz langt's" Bürgerinitiative aus Rügland bei Ansbach, Abrufbar unter: http://www.etz-langts.de, zuletzt aufgerufen am 24.08.2015.

BA - Gebäude-, Bau- und Immobilienmanagement GmbH, Startseite, URL: http://bi-management.de/index.html, zuletzt aufgerufen am 28.08.2015

Bundesministerium für Verteidigung, Chronologie der Neuausrichtung, Stand vom 03.12.2013. Abrufbar unter http://www.bmvg.de/portal/a/bmvg/!ut/p/c4/DcrLDYAgDADQWVygvXtzC_VWslEGbAnf9TXv-vDGn9KUQF1MKeOJl5fdLXDvDNDER66RpbdiWbokcEMfbotjBeVBo9X_9KEBfKymli0lY0nH9gHlR5sl/, zuletzt aufgerufen am 28.08.2015.

Konfliktmanagement Kongress, Forum 2 „Konzernmediation - Wegbereiter für den Durchbruch der Wirtschaftsmediation?", 2009, Abrufbar unter http://www.km-kongress.de/nano.cms/2009-kongress-foren?XA=event&XID=44, zuletzt aufgerufen am 11.10.2015.

Über die Autorin

Laetitia Karmann, Jahrgang 1981, schloss ihr Studium der Architektur an der FH Nürnberg im Jahre 2005 als Diplom Ingenieurin (FH) erfolgreich ab. Umfangreiche Erfahrungen in der Planung, Durchführung und Steuerung von unterschiedlichsten Bauvorhaben sammelte sie in einem mittelständigen Architekturbüro, bis sie in die bayerische Staatsbauverwaltung wechselte. Fasziniert von der Diversität und Komplexität von Konflikten am Bau, suchte sie ihre Qualifikation in dieser Richtung weiter auszubauen. Im Jahre 2016 schloss sie ihr berufsbegleitendes weiterbildendes Studium der Mediation an der FernUni in Hagen mit dem akademischen Grad Master of Mediation mit Erfolg ab. Ihre Tätigkeit in der Projektsteuerung von Bauvorhaben des Bundes, insbesondere einer komplexen Liegenschaftsentwicklung für die Bundeswehr, motivierte sie, sich der Thematik des vorliegenden Buches zu widmen.